博雅英华　陈来著作集

竹帛《五行》与简帛研究

陈来 著

北京大学出版社
PEKING UNIVERSITY PRESS

图书在版编目(CIP)数据

竹帛《五行》与简帛研究 / 陈来著. —— 北京：北京大学出版社, 2025.8. —— (博雅英华). —— ISBN 978-7-301-36303-4

Ⅰ. K877.04-53

中国国家版本馆 CIP 数据核字第 2025EV3471 号

书　　　名	竹帛《五行》与简帛研究
	ZHUBO《WUXING》YU JIANBO YANJIU
著作责任者	陈　来　著
责 任 编 辑	田　炜
标 准 书 号	ISBN 978-7-301-36303-4
出 版 发 行	北京大学出版社
地　　　址	北京市海淀区成府路 205 号　100871
网　　　址	http://www.pku.cn　新浪微博：@北京大学出版社
电 子 邮 箱	编辑部 wsz@pup.cn　总编室 zpup@pup.cn
电　　　话	邮购部 010-62752015　发行部 010-62750672
	编辑部 010-62750577
印 　刷 　者	北京中科印刷有限公司
经 　销 　者	新华书店
	880 毫米×1230 毫米　A5　9.75 印张　211 千字
	2025 年 8 月第 1 版　2025 年 8 月第 1 次印刷
定　　　价	78.00 元

未经许可, 不得以任何方式复制或抄袭本书之部分或全部内容。
版权所有, 侵权必究
举报电话: 010-62752024　电子邮箱: fd@pup.cn
图书如有印装质量问题, 请与出版部联系, 电话: 010-62756370

目 录

史料困境的突破与儒家系谱的重建
　　——郭店楚简与先秦儒学研究 …………………………… 1
　　一 ……………………………………………………………… 3
　　二 ……………………………………………………………… 6
　　三 ……………………………………………………………… 9
　　四 ……………………………………………………………… 13
　　五 ……………………………………………………………… 16
郭店楚简《性自命出》篇初探 ………………………………… 20
　　一 ……………………………………………………………… 20
　　二 ……………………………………………………………… 23
　　三 ……………………………………………………………… 31
　　四 ……………………………………………………………… 34
　　五 ……………………………………………………………… 39

郭店楚简儒家记说续探:《尊德义》与《成之闻之》 44
    一 《成之闻之》.. 45
    二 《尊德义》.. 57
    三 《性自命出》和《六德》............................ 69
    四 关于《语丛》一、二............................ 72

郭店楚简《性自命出》与上博藏简《性情篇》............ 78
    一 78
    二 79
    三 81
    四 82

郭店楚简《性自命出》与儒学人性论 84
    一 郭店楚简的人性说的再分析 85
    二 先秦儒家人性论的主流 97
    三 人性说在儒学传统中的地位 101

竹帛《五行》为子思、孟子所作论 106
    一 106
    二 109
    三 111
    四 113

竹简《五行》分经解论:《五行》章句简注 121
    上 经 122
    下 解 125

目 录

竹简《五行》与子思思想研究 …………………… 130
    一　论五行、善、德 ……………………………… 132
    二　论仁、智、圣之思 …………………………… 139
    三　论聪明、闻见、圣智 ………………………… 143
    四　论仁、义、礼之端绪与发作 ………………… 148
    五　论心与慎独 …………………………………… 152
    六　子思五行说中的"圣智"与"仁" ………… 155
    七　圣智说的政治解读 …………………………… 166

帛书《五行》说部与孟子思想探论 ……………… 174
    一　德气说 ………………………………………… 175
    二　聪明圣智说 …………………………………… 181
    三　天道说 ………………………………………… 185
    四　舍体说 ………………………………………… 191
    五　仁义说 ………………………………………… 199
    六　大体说 ………………………………………… 205
    七　《五行》与《孟子》 ………………………… 209

马王堆帛书《易传》与孔门易学 ………………… 220
    一　帛书与今本《系辞》 ………………………… 221
    二　帛书与今本《易传》 ………………………… 234
    三　《系辞》与孔门易学 ………………………… 246
    四　《系辞》道家说驳议 ………………………… 252

马王堆帛书《易传》与先秦易学的分派 ………… 259
    一　尊德义——帛书《要》 ……………………… 260

二　明成败——帛书《易之义》《二三子问》 …… 264
　　三　占吉凶——帛书《系辞》 …… 268
　　四　兼三才——小结 …… 275

马王堆帛书《易传》的政治思想
　　——以《缪和》《昭力》为中心 …… 277
　　一 …… 278
　　二 …… 281
　　三 …… 284
　　四 …… 288
　　五 …… 293
　　六 …… 296

后　记 …… 301

"博雅英华·陈来著作集"后记 …… 304

史料困境的突破与儒家系谱的重建
——郭店楚简与先秦儒学研究

1973 年在湖南长沙马王堆汉墓出土的帛书文献,对 20 年来的先秦学术研究,起了重要的推动作用。其中的马王堆帛书易传部分也在 1993—1995 年公诸世。① 易传这一部分发表后,曾引起学术界的讨论,现在意见渐趋一致,即马王堆帛书易传是战国后期孔门传易之作。② 这不仅对孔子和先秦儒家易学的研究是一大推动,也对以往以为战国楚地仅仅是道家文化的观

---

① 《帛书〈二三子问〉、〈易之义〉、〈要〉释文》,《道家文化研究》第三辑,上海古籍出版社,1993 年。《马王堆帛书〈缪和〉、〈昭力〉释文》,《道家文化研究》第六辑,上海古籍出版社,1995 年。
② 张岱年先生《初观帛书〈系辞〉》主"易传属于儒学",朱伯崑先生认为帛书《系辞》应为齐国儒者所传,以上两文并见《道家文化研究》第三辑。又朱先生《帛书本〈易〉说读后》更明确说明帛书易说属儒家传易系统,其文见《道家文化研究》第六辑。

点提出了有力的反证。

1993年在湖北荆门市郭店一号楚墓出土了一批战国中期的竹简，计八百余支，简文约一万三千字。考古学家明确认定，该墓入葬时间不晚于公元前300年，约与孟子卒年相当。文物出版社于1998年出版了《郭店楚墓竹简》一书，收入全部照片和释文以及整理者所作的注释。这批竹简的内容皆为典籍文献。除二篇为《老子》外，其余十四篇基本上属儒家文献。这进一步证明了儒家思想文化在当时包括楚国在内的战国各国的广泛而重要的影响。

更重要的是，如果说马王堆帛书引起的关注多集中在其帛书《老子》甲乙本即道家文献方面，那么，郭店楚墓竹简的出土，学者的注意力更多是在儒书的部分。这是因为，郭店出土的儒家文献，除《缁衣》一篇见于今传本《礼记》，《五行》一篇见于马王堆帛书外，其余皆前所未见！

不仅如此，上海博物馆近年也购藏了一批战国竹简，盖亦出土于荆门，其中也有《缁衣》。据有关人士介绍，这批竹简的数量更多于郭店一号楚墓的竹简，其中也有大量的不见于传世文献的儒家典籍。上海博物馆的这批竹简现正在整理之中，应有望在近期出版。因此，湖北荆门出土的这些竹简，无疑地给先秦思想研究带来了并将不断带来新的推动力，就出土典籍及其带来的广泛效应而言，我们有充分的理由可以说，马王堆时代之后，郭店时代已经到来。

郭店一号楚墓竹简儒书各篇，与今存传世文献相比，在思想、内容、文字上，与《礼记》最为接近。③上海简虽尚未公布，据已披露的情况，其内容与郭店楚简具有类似的特点，即也是接近于《礼记》。加上《礼记》的《缁衣》等篇即见于湖北竹简，所以这些竹简的发现，除其本身的研究价值而外，必将连带地为《礼记》一书的时代和价值之研究，带来重要的推动，从而为整个先秦儒学思想史、学术史的研究带来重大和积极的影响，以下拟从几个具体方面略作讨论。

一

众所周知，孔子的生卒年为公元前551—前479年。根据钱穆先生的《先秦诸子系年》，战国时期如计为公元前478—前221年，长达250年以上。在孔子死后的这250年中，儒家思想曾经历了相当大的发展，出现了众多的儒家学者，对这一时期的儒家思想文化做出了各自的贡献。

《荀子》书中《非十二子》《解蔽》等篇提到过不少当时有影响的儒家学者，《韩非子》的《显学》篇中更明确说"儒分为八，墨离为三"。这都说明孔子以后，儒家思想曾在不同方面充分发展。近代以来的学术史一般把战国时代的儒家分为三期，前期为七十子及其后学，即孔子的弟子和他们的弟子们。中期为孟子，晚期为荀子。七十子中的著名代表人物有有子、子弓、子张、子夏、子游、曾子、子思，据钱穆先生书中的《诸子生卒年世先后一览表》，可知他们的生卒年约为：

---

③ 但这并不是说郭店竹简的文献都属"记"类，也有可能是子书的单篇。

孔子：前551—前479

子夏：前507—前420

子游：前506—前445

曾子：前505—前436

子张：前503—前450

子思：前483—前402

据《汉书·艺文志》，孟子以前有著作流传的儒者，至少还有：

漆雕子：前510—前450

宓子：前502—？（据（《史记·仲尼弟子列传》）

景子：（不可考）

世子：（不可考）

公孙尼子：（不可考）

然后，我们知道：

孟子：前390—前305（据《先秦诸子系年》）

荀子：前340—前245（据《先秦诸子系年》）[④]

这些还都只是就孔门中特别知名者而例举的。所谓"贤人

[④] 钱穆：《先秦诸子系年》，《钱宾四先生全集》5卷，联经出版事业股份有限公司，1998年，第693—698页。

七十,弟子三千",表明七十子及其后学是一人数众多的群体,说明儒家各派在先秦的发展传衍,蔚为壮观。

不用特别观察就可发现,在从孔子到战国末期,其著作保存并流传下来的儒家学者只有孔子、孟子、荀子,也就是说,先秦经历三百多年发展的儒家思想,我们今天真正了解的只不过是其中的三个人而已!在先秦思想发展的绵绵长线中,我们只知道三个点而已!当然,这三个人可以说是这三百年间最重要的儒家思想家,但仅有这三个点,对于真正了解先秦两汉古书中反复提及的先秦儒家蓬勃发展、代代相传的图景,明显是远远不够的。而孔孟荀三书之外的载述先秦儒学的资料,今人又不敢贸然信用,这就是现代先秦儒学研究的"史料困境"。

《孟子》一书成于其晚年。孔子死后到孟子书流传于世,中间也有近180年,在此期间,儒学是靠什么发展的?《汉书·艺文志》中尚记有孟子以前的孔门子书(七十子及其门人之书)近十种,但宋代以后已皆失传,另外,由上表可知,子思以前的孔门弟子,活动于公元前400年以前,而排在子思以后的学者如世子与公孙尼子,其生卒年恐怕与子思相差不多,即也在公元前400年以前。⑤ 而从公元前400年以后到孟子之死的100年间,儒家有什么人,有什么著述流行,则就连汉儒也不甚清楚了。

---

⑤ 郭沫若说:"公孙尼子可能是孔子的直传弟子,当比子思稍早。"(《公孙尼子与其音乐理论》,《郭沫若全集》历史编第一卷,人民出版社,1982年,第492页)蒙文通谓:"公孙尼子为七十子弟子,与子思盖同时。"(《蒙文通文集》第一卷,巴蜀书社,1987年,第71页)

郭店出土的这些竹简，下葬年限不晚于公元前300年，正是公元前400—前300年间流行的儒家著作的一部分，这从该墓出土的耳杯上的"东宫之师"四字亦可得推明。这位墓主约为贵族的老师，墓中的竹简应是他用来教授的一种选辑，必然是当时较为流行的典籍文献。同时可以推知，竹简抄写的年代必早于下葬的年代，而著述的时代又必更早。如果这些文献是当时流行的，必然是已经过相当时间的流传，在当时已获有权威地位的文献。如此推论，它们的著作年代，至少其中的一部分，是应当在公元前400年以前的。由此可知，这些竹简的作者正是所谓"七十子及其弟子"（当然其中不排除有孔子本人思想的可能）。

二

其实，早期儒家研究的这种"史料困境"，在古代并未整体出现，它的整体出现，乃是近代学术演变的产物。

按史籍记载，从孔子到战国末近300年，儒家人物甚多，七十子及其后学对儒家思想的建构和传承，发挥了重要的作用。虽然先秦的儒者，孔子以后，只有孟子、荀子的书保存至今。不过，先秦其他儒者的思想材料，也不是完全无迹可寻，除在《论语》中有零星记述外，主要是保存在《礼记》一书中。所以今人研究先秦儒家思想，以四部书最重要，就是《论语》《孟子》《荀子》《礼记》。

据历史记载，《礼记》是西汉前期发现和收集到的先秦古文文献,⑥其来源是汉代孔壁所出土与河间献王所收集的文献,⑦其内容为孔门后学的"记"类之作,汉代学者都认为是"七十子后学者所记也"。东汉时《礼记》已分为两个系统,一为《大戴礼记》,一为《小戴礼记》,而后世即称《小戴礼记》为《礼记》。孔颖达说:"孔子没后,七十二之徒共撰所闻以为此记,或录旧礼之义,或录变礼所由,或兼记体履,或杂序得失,故编而录之以为记也。《中庸》是子思伋所作,《缁衣》公孙尼子所撰,郑康成云《月令》吕不韦所修,卢植云《王制》为汉文时博士所录。其余众篇皆如此例,但未能尽知所记之人也。"⑧孔氏此说,可谓代表了汉唐学者的普遍看法。对汉唐学者而言,使用《礼记》的困难主要是"未能尽知所记之人",对《礼记》所收在主体上为先秦战国时文献,则是没有怀疑的。

由是可知,《礼记》是孔子的弟子和这些弟子的后学者把孔子以及他们自己论礼的话记载下来,然后经人纂辑成书。这些人主要是子游、子夏、子张、子贡、曾子、子思、乐正子春、公孙尼子及他们的同门、同调、弟子、后学,也包括孟、荀两派的学者和秦汉之际的儒生。⑨而主要的部分是属于七十子及其后学。

《礼记》一书在汉唐间已获得经典的地位,传习的学者不少。宋儒也是从中择取早期儒家的材料来建立早期儒家的系谱和道统。程朱把《礼记》中的《大学》《中庸》两篇抽出来,与

---

⑥ 其中个别篇如《王制》为汉初所作,但亦是基于古意。
⑦ 参看李学勤:《郭店简与〈礼记〉》,《中国哲学史》1998年第4期。
⑧ 孔颖达:《礼记正义·序》。
⑨ 参见高明:《礼学新探》,香港中文大学,1963年,第31页。

《论语》《孟子》并立。朱熹认为《大学》"经一章,盖孔子之言,而曾子述之;其传十章,则曾子之意而门人记之"。以此书出于曾子,成于曾子门人之手。朱熹又认为《中庸》是子思所作,这是本于汉儒的说法。此外,朱熹还提出《大学》一书"成于曾氏门人之手,而子思以授孟子无疑也",《中庸》更是被认为子思传于孟子。于是,宋明理学所建立的原始儒家的系谱,是由孔子到曾子的《大学》,曾子传《大学》给子思,子思复作《中庸》,子思将《大学》《中庸》同传于孟子,而孟子以后无传焉。孔、曾、思、孟这一系谱,其关键是在孔孟间确立了曾子、子思的地位。

然而,关于《大学》《中庸》的作者,从宋代至清代已经是聚讼纷纭,尤其是《大学》的作者,诸说不同。戴震少年时对塾师的诘问,尤能代表对朱子说法的怀疑。近代古史辨运动兴起,疑古风潮流行一时,整部《礼记》的真伪都成了问题。中国古书的特点,是在学派传承过程中往往加以润饰和增添,疑古运动正确地指出了这些后人附益的部分,但却由此把这些文献统统视为后人所作和晚出,造成了古代研究的史料困境,也使得现代中国古史研究不得不以"重建历史"为起点。幸而有甲骨文资料的大量出土,使商的存在和历史得以成为信史,夏的存在和历史也由此基本上得到承认。晚近"夏商周断代工程"的启动,也说明中国古史研究至今仍面临着"重建谱系"的挑战。

疑古运动对史料的尖锐审查,其结果对思想史的影响同样深远。以《礼记》为例,如冯友兰在其旧著《中国哲学史》中就是把《礼记》的材料作为"秦汉之际的儒家"资料来运用。他后来在其《中国哲学史史料学初稿》中虽然以《礼记》为战国儒家之思想资料，但在其《新编》中仍然在秦汉之际述之。这种情形非常普遍，一方面在理论上承认《礼记》是战国儒家的思想，另一方面在实际使用材料时，又慎重地把其中的材料作为汉代思想的史料。故不少学者皆认为《礼记》中多有汉儒的作品，而即使有战国时的资料，也大抵不能早于战国末年，所以多主张《礼记》不能代表先秦思想，只能作为汉代思想来论述。⑩结果是，先秦儒家只能讲孔、孟、荀，先秦三百年繁盛的儒学史只成三人之历史，造成了先秦儒学研究的"史料困境"，迄今仍难以超拔，这是很可令人慨叹的。

包含有《礼记》中若干篇章的荆门竹简儒书的发现，虽然其影响限于公元前300年以前的古史研究，其意义不可任意夸大，但正是它的发现，为我们摆脱上述的先秦思想研究"史料困境"，重建原始儒家的系谱，带来了令人兴奋的曙光。

三

首先是《五行》篇。马王堆帛书老子甲本卷后古佚书的第一篇，无篇题，有学者命名为《五行》，有学者命名为《德行》。郭店儒书的《五行》，本身即有篇题为"五行"，说明称名为《五行》是正确的。帛书的《五行》篇，可区分为"经"和

---

⑩ 参看劳思光《新编中国哲学史》第二卷，三民书局股份有限公司，1984年，第32页。

"说"两部分，"说"是对"经"的解说，这种体例为先秦古书所常见。一般来说，"说"的部分成书于"经"的部分之后。关于帛书《五行》的著作年代，因帛书是汉墓出土，又没有更多材料可分别"经"与"说"的著作年代，故学者都是将《五行》的"经"与"说"作为一个整体，来讨论其著述的年代，多数学者主张整个帛书《五行》篇是孟子以后的思孟学派的学者所作，在战国后期；也有学者认为《五行》成于西汉初期。

竹简的《五行》与帛书《五行》相比，只有"经"的部分，它的出土，证明帛书《五行》的"经""说"两部分不是同时完成的，更证明帛书《五行》"经"的部分，成于孟子以前，很可能成于战国前期。关于《五行》的内容，一般都认为其中的思想即《荀子·非十二子》所批评的"案往旧造说，谓之五行，……子思唱之，孟轲和之"，是子思、孟子所主张的五行思想。很明显，由于竹简《五行》的出现，从前学术界笼统地把《五行》的"经""说"都看成孟子以后、战国后期之作的看法，是无法成立了。也由于《五行》"经"的部分早于孟子，使得其在思想史上的地位也必须重加讨论了。荀子说五行之说是子思唱之，孟子和之，现在郭店竹简既然已经证明帛书《五行》的"经"部成于孟子之前，则竹简《五行》应属子思之作，作于战国前期。《子思》二十三篇，汉以后渐渐失传，《五行》的出土为子思思想的研究确立了一个支点，而且对比孟子，可看出从思到孟的发展脉络。

其次是《缁衣》。传统经学多以为子思所作，《文选注》中所引子思语，两条皆见于《缁衣》。但近代以来，在疑古思潮的影响下，学者多不敢信。现在郭店一号楚墓和上海博物馆的楚简都有《缁衣》，说明《缁衣》在当时已很流行，是儒家著作中颇被重视的一篇。郭店竹简中的《尊德义》篇中甚至引用了《缁衣》的话，如果没有别的来源的话，这更说明了《缁衣》在当时富有权威性。这样一篇有权威的著述，不大可能是公元前350—前300年间的作品，应当是公元前400年之前的作品。换言之，郭店竹简《缁衣》的发现，应当说为古人关于子思作《缁衣》的说法提供了相当有力的支持。

进一步说，照《隋书·音乐志》引沈约说"《中庸》、《表记》、《坊记》、《缁衣》皆取《子思子》"，则郭店竹简对《缁衣》出于子思的支持，也可连带成为对《礼记》书中的《中庸》《表记》《坊记》几篇出于子思之儒的支持。现在看来，司马迁说"子思作中庸"，郑玄《三礼目录》说《礼记》的《中庸》篇是"孔子之孙子思作之"，这些说法都应当是有根据的。如果由《缁衣》起，把《礼记》中属"通论"的《表记》《坊记》等篇这些"眼"都作活了，那么，可以期望，通过进一步的工作，整个《礼记》就可能全盘皆活了。

再次，子游氏之儒的地位引起了注意。韩非讲儒分为八，只说了"有子张之儒，有子思之儒，有颜氏之儒，有孟氏之儒，有漆雕氏之儒，有仲良氏之儒，有孙氏之儒，有乐正氏之儒"，却未提到过孔门以"文学"著称的子游之儒和子夏之儒以及曾氏之儒。[①] 前面所说二点，似突出了子思之儒的思想在郭店竹

[①] 按《礼记》中记述言行最多者，除孔子外，首推曾子、子游、子夏，韩非皆未及之，甚可怪也。

简中的地位。其实,郭店竹简的内容及其研究结果表明,子游氏之儒在儒家系谱的重要性将远比以前更为突出。

在郭店竹简的《性自命出》篇中有一段话,见于《礼记》的《檀弓》,而这段话在《檀弓》中是子游的话,这说明《性自命出》篇是属于子游氏之儒的作品。思孟之学出于子游,清人陈澧已有此说,近人郭沫若也认为思孟之学出于子游。⑫ 盖据《荀子·非十二子》篇,荀子的确认为,思孟五行的思想,是接着"仲尼、子游"讲的。荀子之意为,子思把其五行说说成是仲尼、子游所说,而且说"此真先君子之言也",大加倡导,而孟子和之。如果说,子游之儒与子思之儒本是一系,或本有亲缘关系,郭店竹简中兼收子游、子思学派之作,就是很自然的了。《性自命出》是郭店竹简中最有哲学性的一篇,它为研究子游氏之儒确定了一个支点,也使子游氏之儒的哲学思想有了一个可把握的面貌和头绪。同时,由于《性自命出》篇与《礼记》中的《乐记》有颇相接近的地方,公孙尼子与子游氏之儒一系的关系也明朗起来了。⑬

最后应当指出,"四书"中的《大学》《中庸》中有"慎独""修身"等观念,在宋以后已成了士人耳熟能详的关键语词,在竹简儒书中已经有"慎独"(《五行》篇)、"修身"(《六德》

---

⑫ 郭沫若:《十批判书》,《郭沫若全集》历史编第二卷,人民出版社,1982年,第132页。

⑬ 参看我的《荆门竹简之〈性自命出〉篇初探》,《中国哲学》第二十辑(郭店竹简专辑),辽宁教育出版社,1999年。我在该文中认为《性自命出》为公孙尼子所作的可能性最大,又提出公孙尼子可能是子游的弟子。不过我现在对此说略有修正,我觉得该篇的作者还是以"子游氏之儒"的提法较妥。

篇)、"亲民"(《六德》篇),而且竹简儒书中好几篇都突出强调"求己""反己",证明"反求诸己"已是早期儒家的中心思想。而其中所说,与《大学》《中庸》是一致的。可以说,《大学》《中庸》的一些重要观念在七十子时代就已经提出来了。此外,竹简儒书中多处已将"仁"和"义"对举连用,为孟子时代儒家的仁义说的发展准备了基础。《鲁穆公》篇中子思主张"恒称其君之恶者可谓忠臣",体现了儒家一贯的批评君主的精神,更为突出的是,子思认为这种"恒称其君之恶"者,比为君而杀身者,是更高境界、更高层面的"忠"。这种提法在儒学史上甚为罕见。⑭

四

郭店竹简的一大发现是早期儒家思想中有相当发达的心性论。这里所谓心性论是指广义的对情、性、心的现象分析和理论说明。

传统的儒学研究,多认为孔子很少讲心性问题,只是到《孟子》才出现以心性情为中心形式的讨论。郭店竹简的发现,则证明早期儒家在孟子以前已经形成了一套十分细密的对人之情性心理的研究。其特点可举其大者如下:

首先郭店竹简儒书强调"情出于性",在此基础上,对人心的各种情感进行了十分细致的刻画。《性自命出》《语丛》区分

---

⑭ 在世卿世禄制下,杀身尽忠是制度的要求。而战国时的士流动性大,故在道德观念上亦必不同。

了喜与乐、爱与亲、恶与怒、愠与忧,认为乐、亲、怒、忧比喜、爱、恶、愠更强烈,表现出重视情的发生、表现、变化、程度,重视区分哪些情感是直接发于人性的原生情感,哪些情感是次生的情感。在竹简中有十几个表达情感的字我们今天还不认识。竹简中对情的重视应与早期儒家重视礼乐文化的"乐"教有关,也与儒家注重情感与德行的关系有关。⑮

竹简明确提出"情出于性"的命题外,对心和性也非常重视。如对性与外在于性的东西的关联也很注意,提出事物作用于性的方式有七种之多。郭店竹简特别重视"心术",说"凡道,心术为主"。《管子》《荀子》《礼记》书中的心术说,在竹简中已有表现。竹简中从心的字特别多,如"仁"字作上身下心,"爱"字作上既下心,"德"字作上直下心,"义"字作上我下心等。这种"仁"字的写法,表示仁是心之德,这使我们想起朱熹对仁的解释:"仁者心之德,爱之理。"竹简论心性关系也值得注意,认为人虽有性,心无定志,则为物所诱;人虽有性,心不取不出。这些说法就有似于宋儒所说的"心主性情"了。

竹简中不仅对情感的种类、程度作了细致的现象学的描述,而且把情性与天命连接起来,提出"性自命出,命自天降,道始于情,情生于性",从天—命—性—情—道的逻辑结构来讨论,已达到相当高的理论思维水平。这种把性情和天命连接起来的讨论在《论语》中尚未见。这种思想之值得注意,除了其思想内容的深入本身以外,还在于这些思想与

---

⑮ 竹简中说"忠生于亲",触及情感和德行的关联。

《中庸》所谓"天命之谓性"在形式上的相似,从前有学者以《中庸》把性与天道连接起来以及《中庸》不是语录体,而怀疑《中庸》晚出,竹简文献的出现,对《中庸》早出的可能性提供了支持。

更需指出的是,如果说在《论语》中孔子除了讲过"性相近,习相远"外,并没有提出一种人性论的话,那么,在竹简文献中已有一套明确的人性论,其中明确提出"好恶,性也;所好所恶,物也"。"喜怒哀悲之气,性也;及其见于外,则物取之也",主张性就是天生的好恶,就是人的内在的喜怒哀悲之气,可见,这种人性说是发展了孔子的性近之说,而这种人性论的基本取向,是以气论性,以生之自然论性,以情论性,而不是以理论性、以生之当然论性,也不是以善恶论性。⑯ 然而,由竹简的流传可知,这种人性论其实是孟子以前儒家人性说的主流,特别是其人性的观念,不仅承继了古代以来的传统,也是先秦儒学中最有影响力的。战国儒家的各种非性善论的人性的理解,都受到这种思想的影响。而孟子的人性论,不论其对人性观念的理解还是对人性事实的评价,在先秦儒学中都是比较独特而少有的,由此也可更明确地了解孟子的贡献。事实上,竹简的人性论应当既是孟子也是荀子人性论的背景和前提,孟荀各自从这一点上向不同方向发展了。

孟子书中曾记载了几种与之同时的人性论,但未说明那些人性论是否是儒家内部的人性论。今存先秦子书中也找不到公元前470年到前300年间儒家内部占主导地位的人性看法。竹

---

⑯ 关于古代人性之说的分疏,可参看牟宗三先生《心体与性体》第一册。

简文献的著述，如前所说，既然可能在战国前期，则可以说为我们提供了七十子及其弟子在人性问题上的大体看法，为我们了解孟子以前的儒家人性学说提供了难得的材料。

最后，如果熟悉宋明儒家思想的人，会很容易发现，虽然宋明理学的心性论比先秦儒学的心性论远为复杂，但宋儒的不少心性论的命题或思想在竹简中已经开始出现，宋儒如二程、朱熹所说的"情出于性""性即气""七情是气之发""仁者心之德""心主性情"等，在竹简中都可或显或隐地见其端绪。先秦儒家的这种对"内在"的注重，可以使我们了解先秦儒家并非只在社会政治思想上着力，已经在"内""外"两方面同时发展了。

五

郭店竹简的简文发布后，学者多注目于"孔孟之间"，这是合理的，也是自然的。不过我也想指出，竹简带给我们的课题和可能性，虽以"孔孟之间"为主，但也包括对孔子本人的新的理解的可能性，这一点也不应忽视。

以下将竹简儒书中与孔子有关及引述孔子言论的情况排列如下：

《缁衣》。此篇杂引"子曰"，一般认为这些"子曰"是作为孔子之语记述的，但也有学者认为其中多子思言，未必皆孔子言。[17] 此篇汉儒都说是子思作，但子思之书本来多以记述孔子

---

[17] 如钱大昕，见其《潜研堂文集》。

之语为形式。昔鲁穆公问子思："子之书所记夫子之言，或者以为子之辞。"子思回答说："臣所记臣祖之言，或亲闻之者，或有闻之于人者，虽非正其辞，然犹不失其意焉。"⑱这可证明子思之书多以记"孔子曰"为形式，但其中当既有孔子所说，也有子思的思想。

《穷达以时》。此篇内容，《荀子》《说苑》皆以为孔子厄于陈时答子路之语。这也说明战国末期与汉儒所传，多其来有自。

《忠信之道》。此篇有"口惠而实不从，君子弗言尔"，《礼记》之《表记》篇载子曰："口惠而实不至。"此篇又一处云"心疏而貌亲"，在《表记》亦有子曰"情疏而貌亲"。共二条。⑲

《成之闻之》。一条："君子受衽席之上，让而坐下，朝廷之位，让而处贱。"此可见于《礼记》的《坊记》中子曰："衽席之上，让而就下，民犹犯贵；朝廷之位，让而就贱，民犹犯君。"⑳《礼记》在传述孔子话时盖有增添。

《尊德义》。此篇中云："下之事上也，不从其所命，而从其所行。上好是物也，下必有甚焉者。"这段话见于《缁衣》："子曰：下之事上也，不从其所以命，而从其所行。上好此物也，下必有甚焉者矣。"可以说完全一样。此篇中又云："德之流，速乎置邮而传命。"此语可见于《孟子》之《公孙丑上》："孔子

---

⑱ 《孔丛子·公议》篇。
⑲ 此两条最先由庞朴先生发现告知。
⑳ 此条系由李家浩发现，其文见《中国哲学》第二十辑。

曰：德之流行，速于置邮而传命。"此篇中又云："民可使道之，而不可使知之。"《论语·泰伯》有云"民可使由之，不可使知之"。共三条。

《语丛》一。中云："天地之生物人为贵。"《孝经》中子曰："天地之性人为贵。"又一条见于《礼记》中《表记》的子曰："厚于仁者薄于义，亲而不尊；厚于义者薄于仁，尊而不亲。"共二条。㉑

《语丛》三。一条作"志于道，据于德，依于仁，游于义"，与《论语》同。又一条作"毋意，毋固，毋我，毋必"，亦与《论语》同。共二条。

竹简儒书中的上述话，在今传典籍中作孔子曰或子曰，但在竹简中除《缁衣》外，都并未说明是引自孔子。这是很值得注意的。特别是《尊德义》，短短一篇竟有三处见于《论语》《缁衣》《孟子》中的孔子语，实在令人玩味。如果能确定竹简中的个别篇是作为孔子本人的思想传述的，那么，有关孔子研究的思想资料就扩大了。

关于增进对孔子的理解，竹简在这方面也有作用，可举出一条。《论语》中的"民可使由之，不可使知之"一句常常引起讨论，这是因为《论语》是语萃的集录，往往无法体现孔门讨论的语境。而竹简《尊德义》云："行矣而无违，养心于慈良，忠信日益而不自知也。民可使道之，而不可使知之。"可见，在这里，可由不可使知，是接就"忠心日益而不自知也"而言，即是指道德教化的过程而言，意谓增益道德心不是让人民"知"

㉑ 此篇见于《表记》一条，亦最先由庞朴先生发现告知。

晓何者为善来实现,而是引导他们在"行"中不知不觉地潜移默化来实现。

　　以上就郭店竹简儒书在"史料困境之突破"和"儒家谱系之重建"两方面在学术研究上所可能带来的进展,作了一个简要的说明。我们期待着在未来的实际研究中所得的进展与突破将超出我们现在的估计,给整个中国古代思想史、学术史的研究带来更多的生机和改观。

1999 年 5 月,写于大阪

郭店楚简《性自命出》篇初探

《郭店楚墓竹简》经荆门市博物馆、文物出版社和裘锡圭教授的紧张细致的整理、研究，最近出版面世，给学术界带来了一场大震动，引起了广泛的注意。这批楚简的发现，与马王堆汉墓帛书一样，具有划时代的意义。本文专就其中的《性自命出》这一篇，提出一些初步的看法，以向整理者和专家们请教。文中所引简文，皆见于《郭店楚墓竹简》（文物出版社1998年5月版），在文中不再注明。

一

荆门郭店楚墓所出土的竹简中，《缁衣》等十四篇为战国时儒家所传文献。以现存文献与荆门竹简十四篇相比照，最接近者为《礼记》，在内容、思想、文字上都是如此。这也是大家所公认的。在这个意义上，若径直称这部分竹简为"荆门礼记"，虽不中，亦不可谓全无理由。自然，"礼记"之名晚出西汉以后，但"易传"之名亦晚出。故是否可用"礼记"之名作为十四篇的统称，其要点也许并不在"礼记"名出的早晚。

按照经学的传统看法，"孔子所定谓之经，弟子所释谓之传，或谓之记，弟子展转相授谓之说"①，因而，"《礼记》《左传》《公羊》《穀梁》，均传记也"。不过，传既可相对经而言，春秋三传、尚书大传、韩诗外传自然都是传；而汉人也称《论语》《孝经》为传。但《礼记》一类则只可称为记或说，不称为传。《礼记》本来即多为记，《汉书·艺文志》："《礼》古经五十六卷，《经》十七篇，后氏、戴氏；《记》百三十一篇，七十子后学者所记也。"后来郑玄《六艺论》说："戴德传记八十五篇，则《大戴礼》是也；戴圣传《礼》四十九篇，则此《礼记》是也。"②认为二戴所传都是记。至于《孔子三朝记》《乐记》等，汉代所传的记类文献颇为不少。说，在战国时亦相对经言（非六经之经），以说释经，以说附经，不过《汉书·艺文志》所载的说，大概不限于释经的文字，但总还是以释经的说为主。荆门楚简这十四篇之不能称为"礼记"，主要的问题在于这些篇中虽有不少可归为"记"类的，但不能确定为《礼》之记。其中有孔门弟子辗转相授的说，也可肯定；但不是相对特定的经，所申发的说。

这十四篇在形式上似可归为孔门的记说，在内容上为孔门

---

① 皮锡瑞：《经学历史》，中华书局，1959年，第67页。
② 孔颖达：《礼记正义序》。

七十子及其后学的讨论，但其中各篇的思想约属七十子中的何许人？又为"儒分为八"中的哪些派？会不会有"子"类的文献呢？事实上，《礼记》中也有来自《子思子》《公孙尼子》的篇章。从时间上来看，这些文献应在孟子以前，据《汉书·艺文志》，所录儒家五十三家，孟子以前的孔门子书有近十种，即《子思》二十三篇，《曾子》十八篇，《漆雕子》十三篇，《宓子》十六篇，《景子》三篇，《世子》二十一篇，《魏文侯》六篇，《李克》七篇，《公孙尼子》二十八篇。这些都是七十子和七十子门人之书，汉代未传的书还不计在内。所以我们可以在一个很广的范围中考虑这十四篇与七十子的关系。

李学勤先生提出其中有几篇应属《子思子》，所言有理，所持有故。③ 更有学者提出这些竹简可能都在《子思子》二十三篇之内，但这种可能性不大。据介绍，竹简出土的郭店楚墓入葬时间约在公元前 350—前 300 年，墓中出土有耳杯，上刻有"东官之师"，推断墓主可能是楚国太子之师。④ 如果这点可以成立，则墓中所随葬的竹简文献，合理地推测，应是墓主用以教授太子及国子的教本。而教本中的儒家文献，必然是从流行的诸多的子书、记、说中选编而成的，或者就是当时流行的一种选编本。教本的用途是供贵族子弟学习，使他们得以成长为治国的人才，因而这种教本不可能只教授给贵族子弟一本或两本书。所以，设想十四篇是同一部子书，似不合情理。如《语丛》部分，显然并不是子书中的篇章。

---

③ 李学勤：《荆门郭店楚简中的〈子思子〉》，《文物天地》1998 年第 2 期。
④ 湖北省荆门市博物馆：《郭店一号楚墓》，《文物》1997 年第 7 期。

二

《性自命出》是郭店楚简中最长的一篇，现存简 67 枚，简长 32.5 厘米，编线两道，编线间距为 17.5 厘米。简文约 1580 字。此篇原简文中有分篇号，应分为上下篇，但《郭店楚墓竹简》的整理者未分篇。又此篇原无篇题，《性自命出》是《郭店楚墓竹简》的整理者所定，"性自命出"是此篇第二简上的话。古书篇名之定，一般多取第一句中的语词，此篇第一句为"凡人虽有性"，所以题名为"有性"可能更合适些。

现在让我们来讨论《性自命出》篇中的思想。先将此篇中的思想论点略举如下，并加以简要的说明和分析：

（一）好恶为性

《性自命出》说：

> 好恶，性也。所好所恶，物也。

这句话是说，好恶是人的本性，物是好恶的对象。感情活动的好恶属于情欲的范畴，这里的好恶是指人的内在的倾向和要求。如甲见好色而好之，这是情，但甲不是今天见好色而好之，明天便见好色而恶之；甲会见一切好色皆好之。因此甲的每一次好好色的活动，都反映或表现了甲的内在的"好"，这就是性。在先秦思想中，以好恶言性是很普遍的，如《乐记》"好恶无节于内，知诱于外"也是一种以性—物相对而说的例子。《荀子》中也是常常以好恶论情性。

（二）喜怒之气为性

《性自命出》说：

> 喜怒哀悲之气，性也。及其见于外，则物取之也。

以气论性，在现有先秦文献中尚不多见。气在中国哲学史上的意义有几种，其中之一是指情。《性自命出》以气说性，认为性是人的喜怒哀悲之气，但作为性的喜怒哀悲之气是"内"，而不是"见于外"，见于外者应属情。此种思想在先秦可见于《大戴礼记·文王官人第七十二》：

> 民有五性，喜怒欲惧忧也。喜气内畜，虽欲隐之，阳喜必见。怒气内畜，虽欲隐之，阳怒必见。欲气内畜，虽欲隐之，阳欲必见。惧气内畜，虽欲隐之，阳惧必见。忧悲之气内畜，虽欲隐之，阳忧必见。五气诚于中，发形于外，民情不隐也。

此段文字亦见于《逸周书·官人解》（个别字有所不同，如作"民有五气"）。这是认为人有五性，五性就是喜怒欲惧忧五气。五气属于内，属于中，阳表示情。喜气内畜，必有喜情发于外。这种思想与《性自命出》的讲法是一致的。

事实上，《乐记》中的一段话，也未尝没有这个意思：

> 是故先王本之情性，稽之度数，制之礼义，合生气之和，道五常之行，使之阳而不散，阴而不密，刚气不怒，柔气不慑，四畅交于中而发作于外……

"四畅交于中而发作于外"也即是《文王官人》的"五气诚于中，发形于外"，"四"应指阴阳刚柔四气，亦即是性，这一段话就是解释"本之情性"的。

（三）情生于性

由上可见，喜气畜于内，喜情发于外，喜气是喜情的内在的根据，故曰"情生于性"。

"情生于性"在《性自命出》中两次出现，可见是作者很重视的命题。这一命题又见于《语丛》，在《语丛》中有更进一步的表达：

> 爱生于性，亲生于爱。
> 欲生于性，虑生于欲。
> 智生于性，卯生于智。
> 子生于性，易生于子。
> 恶生于性，怒生于恶。
> 喜生于性，乐生于喜。
> 愠生于性，忧生于愠。

>惧生于性，监生于惧。
>强生于性，立生于强。
>弱生于性，疑生于弱。⑤

根据以上所说，情生于性，就是指喜、愠、惧、慈、爱、恶、欲、知等情都生于性。而所谓乐、忧、怒、亲等生于喜、愠、恶、爱，是指两者虽然都是情，但前者在后者的基础上发展得更加强烈，如"愠斯忧"，故说"忧生于愠"。

（四）性一心异

《性自命出》说：

>四海之内，其性一也。其用心各异，教使然也。

孔子曾说"性相近也，习相远也"，本篇继承了孔子的思想。人都有好恶喜怒之性，所以可以说人的性是相同的，这就是所谓"其性一也"。但人的心不相同，这里的心指道德意识的水平，道德意识的水平是教育的结果，故说"其用心各异，教使然也"，因为"教所以生德于中者也"。从这里的说法来看，作者并没有人性善或者人性恶的意识。《乐记》说"民有血气心知之性，而无哀乐喜怒之常"，亦可作为本篇这一段话的注脚。

---

⑤ 见《语丛》二。

（五）物诱性动

《礼记·乐记》虽是数篇合成，但其中思想基本一致。如说"人心之动，物使之然也"，"感于物而动，性之欲也，物至知知，然后好恶形焉"。"物之感人无穷，而人之好恶无节"，"夫民有血气心知之性，而无哀乐喜怒之常，应感起物而动，然后心术形焉"。

《性自命出》与《乐记》的看法相近，认为"凡动性者，物也"，"及其见于外，则物取之也"。这里"及其见于外"的"其"指性，性见于外便是情，见于外，也就是"好恶形焉"。与《乐记》不同处在于，《性自命出》不仅讲心动，而且讲性动。其思想是认为，人虽有好恶之性，但只有物诱于外，好恶才表现出来。物是所好所恶，物使得好恶之性外化了。

（六）习以养性

《性自命出》有养性的观念：

> 动性者，物也；逢性者，悦也；交性者，故也；厉性者，义也；绌性者，势也；养性者，习也；长性者，道也。习也者，有以习其性也。

按《论语》和《孟子》中都只有几次谈到"习"，也不曾把"习"和"性"联系起来。不过，《大戴礼记·保傅第四十八》中引孔子的话却明确讲到"习"和"性"的关系：

> 孔子曰:"少成若天性,习贯之为常。"此殷周之所以长有道也。

卢注曰:"人性本或有所不能,少教成之,若天性自然也。"⑥ 这是以"教"解释"习"。"习"一般是中性的,故孔子谓习相远。"教"是正面的,把"习"解释为"教",则这里的"习"也是正面的了。以习养性,似乎也有这样的意思。

养性的观念在《孟子》中也提出来,即"存其心,养其性,所以事天也"(《尽心上》)。孟子这句话是主张以存心来养性,而不是以习来养性。不过孟子的确很重视"养"的观念,他说:"今夫麰麦,播种而耰之,其地同,树之时又同,浡然而生,至于日至之时,皆熟矣。虽有不同,则地有肥硗,雨露之养,人事之不齐也。"这里的养是指后天的习养。又说:"苟得其养,无物不长;苟失其养,无物不消。"(《告子上》)这里是讲对性的滋养。世子也说过"养而致之,则善长",养使得性中的善得以滋长。

(七)性出于天命

《性自命出》的第一段中说:

> 性自命出,命自天降,道始于情,情生于性。

竹简的整理者很注意此句,认为与《中庸》首句"天命之谓性"

---

⑥ 卢注见《大戴礼记解诂》,中华书局,1983年,第51页。

相近。的确，如果我们把宋儒对《中庸》的解释放在一边，则"性自命出，命自天降"的意思是说，性出于命，命来自天，故在文字上就可以理解为"天命为性"。

其实，如果不按宋儒的解释，仅就"天命之谓性"说，其意义并不能够归结为性善论，而只是说，性是天赋的。《孟子·告子上》：

> 富岁子弟多赖，凶岁子弟多暴，非天之降才尔殊也，其所以陷溺其心者然也。

"天之降才"即是天生的资性，即是"天命之谓性"，也就是"性自命出，命自天降"，这并不意味着性就是善的。

（八）修身近仁

《性自命出》说：

> 闻道反上，上交者也；闻道反下，下交者也；闻道反己，修身者也。……修身近至仁。

闻道而要求于上，是上交；闻道而要求于民，是下交；闻道而用以要求自己，是修身。用道要求上，是事君者；用道要求民众，是从政者；以道修身者近于"至仁"。《性自命出》的作者无疑是很重视修身的。

《中庸》中说："修身以道，修道以仁。"与《性自命出》的观点是相通的。修身的观念在《礼记》中大量出现，如《曲礼》《乐记》《中庸》《大学》，在《孟子》中也有修身的观念。

（九）以德治民

《性自命出》说：

> 凡人情为可悦也。苟以其情，虽过不恶。不以其情，虽难不贵。苟有其情，虽未之为，斯人信之矣。未言而信，有美情者也。未教而民恒，性善者也。未赏而民劝，含富者也。未刑而民畏，有心畏者也。贱，而民贵之，有德者也。贫，而民聚焉，有道者也。

这是说，一个治民者，如果与人民有感情上的沟通，虽有过失，人民也不会嫌恶他。他若对人民有情，即使他没有做事，人民也相信他。未许诺而得到民的信赖，这是有美情的人；未施教化而使民有常心，这是性善的人；未行赏赐而民勉力，这是有福的人。他不做官，而民尊敬他，这是有德的人；他没有财富，而民聚集其周围，这是有道的人。这样的人，不喜欢他的人说不出他的过失，批评他的过失的人又不嫌恶他。这样的人就是修身近仁的人。总之，强调治民者内在情性的修养。

《国语·楚语上》记载楚庄王为太子寻傅，问于申叔时，申叔时说：

> 教之《春秋》，而为之耸善而抑恶焉，以戒劝其心；教

之《世》，而为之昭明德而废幽昏焉；以休惧其动；教之《诗》，而为之导广显德，以耀明其志；教之《礼》，使知上下之则；教之《乐》，以疏其秽而镇其浮；教之《令》，使访物官；教之《语》，使明其德，而知先王之务用明德于民也；教之《故志》，使知废兴者而戒惧焉；教之《训典》，使知族类，行比义焉。

荆门楚简的这些儒家文献，包括《性自命出》篇，应当说，近于楚太子之傅用以教授太子的所谓《语》，因为这些篇章的内容都是"使明其德，而知先王之务用明德于民也"。

三

《性自命出》篇的性说和心说是最值得注意的部分，本节试重论之。

按其内容，《性自命出》篇可分为五大部分：

一、从"凡人虽有性"至"礼作于情"；
二、从"或与之也"至"不如以乐之速也"；
三、从"虽能其事"至"斯有过信矣"；
四、从"凡人情为可悦也"至"已则勿复言也"；
五、从"凡忧患之事欲任"至"君子身以为主心"。

这五部分都是讲心和心术的重要性。第一部分讲好恶是性，喜怒哀乐是性，而外物总是对性有所诱动，但心志定，物就不会动性。又讲诗书礼乐之教能养性理情，以生德于中。第二部分讲乐感动人心最速,是礼之深泽,实际上是讲以乐养心。第三部分讲人不可只看外在行为,必须在心之德性上下功夫,使德与行合一。第四部分讲治民者为政的关键在于有情、有德、修身。第五部分是君子的德行与规范。可以说整个文章就是强调"心术"的重要性,"凡道,心术为主"。文章的修身的主旨,是为了教育贵族子弟修养自己,以便将来从政。

从性说的方面看,最核心的问题是:《性自命出》是否为性善论。我认为此篇并不是性善论。我们知道孔子提出"性相近,习相远"的思想,战国中期以后孟子提出性善说,后来荀子又提出性恶说。《性自命出》的人性说,可以说正是孔子与孟、荀之间的发展形态,它所提出的性自命出的思想发展了孔子的人性论,从天—命—性—情—道的逻辑结构来讨论人性的本质和作用。它主张命自天降、性自命出、情出于性、道始于情,认为天所赋予的是性,性就是天生的好恶,就是人的内在的喜怒哀乐之气,喜怒哀乐之气表现于外,便是情,情合于中节便是道。所以这种看法还是接近于自然人性论,以生之自然者为性。

这种看法其实是先秦思想的主流,也是先秦儒家的主流。孔子的性相近说明显地不是指性善而言。王充说:"周人世硕,以为,人性有善有恶,举人之善性,养而致之则善长;恶性,养而致之则恶长。如此则性各有阴阳,善恶在所养焉。故世子尊《养书》一篇。宓子贱、漆雕开、公孙尼子之徒亦论性情,与世子相出入,皆言性有善有恶。"(《论衡·本性》)《孟子》中公都子所述的两种人性论,也是主张"性可以为善,可以为不善","有性善,有性不善"。告子则明确说:"性无善无不善也。"

世子见于《五行》篇所引，观《汉书·艺文志》所列《世子》书的时代，可知世子盖即七十子之一也。宓子贱、漆雕开、公孙尼子都是孔门的重要人物，告子也应是一个儒者，告子"仁内义外"说即见于楚简的《六德》篇。他们的人性论都比较接近。而孟子的性善论，在先秦儒学中反而是独特而少有的。郭店楚简的发现为我们重新审视先秦儒家的人性论，提供了重要的文献。

《性自命出》虽然讲"情出于性"，但其以好恶及喜怒哀乐之气讲性，在思路上，仍属于以自然属性论性。事实上，在先秦的许多思想家那里，性和情往往分得不是那么清楚（不仅在性和情的问题上是如此，在许多概念上也是如此）。先秦思想到荀子，才把概念分别得比较清楚。荀子在《正名》篇中说："性者，天之就也；情者，性之质也；欲者，情之应也。"又说"不事而自然谓之性，性之好恶喜怒哀乐谓之情，情然而心为之择谓之虑。"朱伯崑先生在其《先秦伦理学概论》中指出，这种人性论是以性为天生所具，以性的本质为情，他说，在荀子，"凡生理方面、心理方面的活动，都属于性的内容，其中包括感官的感受和'好恶喜怒哀乐'之情，……人性中支配人类生活的主要的东西是'好恶之情'，即好利恶害之情，所以他经常'性情'连称。"⑦《性自命出》的思想和朱先生就荀子所说，有相近之处，可以说荀子是在《性自命出》的这个关节点上向另一方向继续发展了。

《性自命出》的心说也是此篇的重要内容。由于其心说并未集中为一个命题，所以上节未能将其列举出来。《性自命出》的

---

⑦ 朱伯崑：《先秦伦理学概论》，北京大学出版社，1984年，第102、108页。

作者认为，好恶是性，好恶的对象是物，人在外物的感诱下而去好之恶之，这是情。但在这个过程中间有一个重要环节，就是心。如果任性为主，心不发挥作用，好恶之性就会听凭外物之诱而发为好恶无节的情，故说："及其见于外，则物取之也"，"凡性为主，物取之也"。如果心有定志，则虽有好恶之性，也不会无所主宰地被"物取"而"见于外"。所以说"人虽有性，心弗取不出。凡心有志也……"这个说法，很近于宋儒所说的"心主性情"。

《性自命出》的作者又认为，人能做一善事，但若不是从善的心念动机出发，则不值得推崇；这就是所谓"虽能其事，不能其心，不贵"。然而人的心念动机是看不见的，要了解人的心，还要与行为联系起来才行，比如，一个人过错犯了十次，其心必然有问题，这就是"求其心有为也，弗得之矣，人不能以为也，可知也。其过十举，其心必在焉"。从一个人的自我的要求来说，外在的东西必须与内在的东西相一致，如"有其为人之柬柬如也，不有夫恒怡之志则缦"等。总之，内心的方面最重要，故说"凡道，心术为主"。

四

《礼记》所收记说，与七十子关系最密切者，为曾子、子游、子夏。今传《礼记》中记述曾子言行最多，其次出现最多的是子游、子夏。这也许提示出，孔子死后，孔门中此三人门人最多、影响最大，且相互间有接近之处。《性自命出》

的篇题不管其是否妥当，若论其孔门中的归属，有以下几种可能：

第一种可能是与子游一支有关。
根据是，《性自命出》中有一段文字：

  喜斯慆，慆斯奋，奋斯咏，咏斯猷，猷斯忘。忘，喜之终也。愠斯忧，忧斯戚，戚斯难，难斯案，案斯通。通，愠之终也。

此一段文字又见于《礼记·檀弓下》第四之一：

  有子与子游立，见孺子慕者，有子谓子游曰："予一不知夫丧之踊也，予欲去之久矣。情在于斯，其是也夫！"子游曰："礼有微情者，有以故兴物者，有直情而径行者，戎狄之道也。礼道则不然。人喜则斯陶，陶斯咏，咏斯猷，猷斯舞，舞斯愠，愠斯戚，戚斯叹，叹斯辟，辟斯踊矣。品节斯，斯之谓礼。"

由此可见，《性自命出》中的十"斯"，在《檀弓》中是子游的话，说明《性自命出》可能是子游或其学生所作。当然，也可以怀疑是否《檀弓》中的子游引述《性自命出》而论辟踊。不过那样的话，子游所可能引述的，就只能是孔子，以《性自命出》为出于孔子之手，似乎可能很小。最后，《礼记》的《礼运》篇曾有论者认为"疑子游门人所记"⑧，则《礼记》中本有部分内容与子游氏之儒有关。

第二种可能是与公孙尼子有关。

《性自命出》中有一大段论"乐""声"，还谈到赉、武、韶、夏及郑卫之乐。这与《礼记》中的《乐记》（各篇）最相近，《乐记》之四中论及韶、夏，之九论武。甚至在用语上也相近，如《乐记》中"听琴瑟之声"，《性自命出》也有"听琴瑟之声"等。《乐记》以喜怒哀乐论情性，论心，也与《性自命出》相通。按今本《乐记》为十一篇之合，《史记正义》说《乐记》为公孙尼子作。⑨ 则此篇《性自命出》应与公孙尼子有关。

事实上，《礼记》中的《缁衣》篇，据陆德明说："刘瓛云：公孙尼子所作也。"⑩ 而荆门楚简十四篇中就有《缁衣》，这似可以帮助说明《性自命出》出自公孙尼子的可能性。此外，宋充《论衡·本性》中说："宓子贱、漆雕开、公孙尼子之徒，亦论情性，与世子相出入，皆言性有善有恶。"《性自命出》篇通篇论情性，其人性论并非性善论，与王充所说的公孙尼子的思想正相合。皮锡瑞曾说："刘瓛以《缁衣》为公孙尼子所作，沈约以《乐记》取《公孙尼子》，或即八儒之公孙氏欤！"⑪ 不管公孙尼子是否即是儒分为八中

---

⑧ 《礼记集解》卷二十一《礼运九之一》引陈澔语，中华书局，1989年，第581页。
⑨ 《史记·乐书第二》，中华书局，1982年，第1234页。
⑩ 《礼记集解》，第1322页。
⑪ 皮锡瑞：《经学历史》，中华书局，1959年，第52页。

的公孙之儒，《性自命出》与公孙尼子有关之可能，应可肯定。

第三种可能是与子思有关。

前面说过，已有学者论证十四篇中有《五行》《鲁穆公》等几篇应属《子思子》，则《性自命出》与子思有关，自亦属可能。从文献来说，《性自命出》中的一些思想与《中庸》相合。《中庸》则相传为子思所作。《性自命出》中说：

> 未言而信，有美情者也。未教而民恒，性善者也。未赏而民劝，含富者也。未刑而民畏，有心畏者也。

《中庸》有类似的话：

> 见而民莫不敬，言而民莫不信，行而民莫不悦。……故君子不动而敬，不言而信。……是故君子不赏而民劝，不怒而民威于斧钺。

其思想显然是一样的。

又如《性自命出》中说：

> 上交近事君，下交得众近从政，修身近至仁。

《中庸》：

> 在上位不陵下，在下位不援上，正己而不求于人。

二者论述的层次也有相近之处，与前引《中庸》"修身以道，修道以仁"也相同。此外，《表记》中说"不厉而威，不言而信"，与《性自命出》也是一致的。据《隋书·音乐志》引沈约云，《礼记》中的《坊记》《表记》均取自《子思子》。

　　总的来说，我觉得，从哲学方面看，《性自命出》既引子游语，所论情性又与《乐记》接近，应与孔门中子游、公孙尼子有关，或许公孙尼子就是子游的弟子。⑫ 从政治思想上看，此篇又与《中庸》一致。很可能，子游、公孙尼子、子思就是一系，所以《缁衣》才会有子思所作、公孙尼子所作两种说法（也可能《缁衣》中有的章节重出于《子思子》和《公孙尼子》）。而我更倾向于认为《性自命出》这一篇是属于《公孙尼子》。根据《汉书·艺文志》，《公孙尼子》在《孟子》之前。又，《春秋繁露》所引公孙养气之说，孙诒让定为《公孙尼子》之文，其中喜怒忧惧气之害的思想，⑬ 也与《性自命出》论喜怒哀乐之气的思想相通。

　　最后，我有一个疑问，也想提出来，向大家请教。这就是，这批竹简中有没有孔子的东西，即当时被认为是孔子的思想材料？现在似乎大家都没有向这个方向考虑。然而，如果墓主是太子太傅，而竹简是他用来教育太子的教材，为什么其中有《老子》而没有孔子的文字呢？所收的这么多儒家的材料中，为

---

　　⑫　蒙文通说："公孙尼子为七十子弟子，与子思盖同时。"（《中国现代学术经典·廖平　蒙文通卷》，河北教育出版社，1996年，第518页）
　　⑬　参看李学勤：《周易经传溯源》，长春出版社，1992年，第82—90页。

什么有七十子及其后学的著作，而没有最具权威的孔子本人的著作呢？我以为，《缁衣》虽为子思所传，但其中都是"子曰"，在竹简中就是被作为孔子的思想来教授的。《穷达以时》所述也是孔子的言论。《忠信之道》有《表记》中的"子曰"两条，有可能也是孔子的思想。另外，在《语丛》三中有两段见于《论语》的话，一段是讲四毋，一段是"志于道，据于德，依于仁，游于艺"。《尊德义》中也有一段见于《论语》的话"民可使道之，而不可使知之"。这些篇章中是否有可能还有一些孔子的著述材料呢？

五

现在把对《性自命出》篇的文献考察简单地叙述如下：

（一）语词对照

诗书礼乐——"顺先王诗书礼乐以造士"（《礼记·王制》）。

诗有为为之也，书有为言之也——"昔者鲁公伯禽有为为之也"（《礼记·曾子问》），"夫子有为言之也"（《礼记·檀弓上三》）。

门内之治，欲其□也；门外之治，欲其制也。——"门内之治恩掩义，门外之治义断恩"（《礼记·丧服四》），《礼记·丧服四》的这句话又见于《大戴礼记·本命第八十》，而且见于竹简的《六德》篇。

比其类而论会之——"比类以成其行"（《礼记·乐记》）。

凡声其出于情也信——"信近情……情可信"（《礼记·表记》），"情动于中，故形于声"（《礼记·乐记》）。

群物——"序，故群物皆别"（《礼记·乐记》）。

宾客之礼必有夫齐齐之容——"齐齐乎其敬也"（《礼记·祭义》）。

同方而交——"儒有合志同方"（《礼记·儒行》），"合志如同方"（《大戴礼记》《逸周书》）。

未言而信——"不言而信"（《中庸》及《表记》）。

未赏而民劝，未刑而民畏——"君子不赏而民劝，不怒而民威于斧钺"（《礼记·中庸》）。

独处——"独处而不倨"（《大戴礼记》）。

仁之方——"能近取譬，可谓仁之方也"（《论语·雍也》）。

凡思之用心为甚——"物皆然，心为甚"（《孟子·梁惠王上》）。

不如以乐速之也——"乐之入人也深，其化人也速"（《荀子·乐记》）。

其用心各异，教使然也——"长而异俗，教使之然也"（《荀子·劝学》）。

由以上可见，《性自命出》的用语，多见于《礼记》及孔孟荀书。这也说明今传《礼记》确有久远的来源。

（二）**文字试校**

《性自命出》说：

喜斯滔，滔斯奋，奋斯咏，咏斯猷，猷斯忘。忘，喜之终也。愠斯忧，忧斯恶，恶斯难，难斯案，案斯通。通，愠之终也。

在这里，《性自命出》是十"斯"。而《礼记·檀弓》是九"斯"：

人喜则斯陶，陶斯咏，咏斯猷，猷斯舞，舞斯愠，愠斯戚，戚斯叹，叹斯辟，辟斯踊矣。

按孔颖达疏云：

如郑此《礼》本云"舞斯愠"者，凡有九句；首末各四，正明哀乐相对；中间"舞斯愠"一句是哀乐相生，故一句之中有舞及愠也。而郑诸本亦有无"舞斯愠"一句者，取义不同。而郑又一本云"舞斯蹈，蹈斯愠"，益于一句，凡有十句，当是后人所加耳。亦不得对。而卢《礼》本亦有"舞斯愠"之一句。而王《礼》本又长，云"人喜则斯循，循斯陶"，既与卢、郑不同，亦当新足耳。[14]

就是说，也有一个本子没有"舞斯愠"一句，只有八"斯"。此外还有两个本子是十"斯"，一个作"舞斯蹈，蹈斯愠"；另一个作"喜斯循，循斯陶"。孔颖达曾认为今本《礼记》中"舞斯

---

[14] 《十三经注疏·礼记正义》，中华书局，1979年，第1304页。

愠"一句为衍。

《郭店楚墓竹简》的《性自命出》释文未据《礼记》校正，参照《礼记·檀弓》，可有以下推测：

竹简本"喜斯滔"的滔字从心，应读为"陶"，不能读"蹈"。蹈是喜之终，故喜之始应为陶。

竹简本"滔斯奋"，疑王本"喜斯循"的"循"字即"奋"字。

竹简本"忧斯□，□斯难"，疑□字应为"戚"字。

竹简本"难斯□，□斯通"，参郑本，通字疑应为"踊"字，□疑当读"辟"字。

竹简本"猷斯□，□，喜之终也"，疑□字应为"舞"字，盖郑本即作"猷斯舞"，从而又可知后句作"舞，喜之终也"。

竹简本"滔如也斯奋""季如也斯难"，参上例可知，"滔"当作"陶"，"季"疑当作"戚"。

竹简本"□虽有性心弗取不出"，疑缺字为"人"字，盖本篇首句即"人虽有性，心无定志"。

竹简本"……□□独行"，似为"不可独行"，盖下云"犹□之不可独言也"。

竹简本"难，思之方也"，疑"难"字当为"叹"字，说见上文。

竹简本"□，义之方也"，据《五行》"简，义之方"，故疑简本亦当作"简，义之方也"。

竹简本"未言而信"，依下三句"未教而民恒""未赏而民劝""未刑而民畏"，"信"字前似脱一"民"字。

作为古代思想研究的学者，我们感谢荆门考古工作者在这么短的时间内，将竹简整理出来并迅速发表。在"马王堆时代"过去之后，我们已经迎来了"荆门时代"。荆门竹简的研究必将大大推进先秦思想文化的研究，本文只是对其中的一篇作一些粗略的探讨，希望得到专家的指正。

写定于 1998 年 6 月 5 日

郭店楚简儒家记说续探：
《尊德义》与《成之闻之》

《郭店楚墓竹简》中，现定名和分篇为《成之闻之》《尊德义》《性自命出》《六德》的四篇，简长皆为 32.5 厘米，编线间距皆为 17.5 厘米。这一组竹简的分篇是否恰当，篇中有无错简，仍待研究讨论。但无论如何，简长的一致本身就提示出，此组竹简各篇可能有一些内在的联系；从内容上看，这种联系也确实有迹可寻。《成之闻之》的主旨是以求己用民，以修身率民；《尊德义》的主旨是以礼导民，以德教民；《性自命出》的主旨是以乐化民，以情感民。可以说都是以"使民"为中心的。笔者已经对其中的《性自命出》篇作过初步的研究，本文则着重对《成之闻之》和《尊德义》二篇加以讨论。

郭店楚简儒家记说续探：《尊德义》与《成之闻之》

一　《成之闻之》

在《郭店楚墓竹简》出版之初，即有不少学者怀疑此篇的排简和定名可能存在问题，认为"成之"二字前应接有简文，并非一篇之首。对此我亦有些关于错简的意见，但终难定论；而本文以研究思想为主，故暂不处理这个问题。同时我相信古文字专家将会提出更合理的修正意见，使这个问题得到解决。因此，以下的讨论中，仍以现在的篇名和简序来加以讨论。

此篇的主旨在第一段中即开宗明义地提出来，这就是"求己以用民"。其大意是说，统治者要使人民为己所用，最重要的就是"求己"，所谓求己就是在道德上以身作则，故曰"古之用民者，求之于己为恒"（简一）。

此篇对理解早期儒家思想和话语的性格，理解早期儒家思想言论与当时社会政治环境和政治需要，对理解早期儒家借向君王建言的途径表达治民的政治思想的一面，有很重要的作用。它使我们了解到，在春秋战国之交，"用民""使民"是现实政治的焦点论题，用民之道和使民之道也成为早期儒家的主要论域。《论语》中记载：

> 季康子问："使民敬，忠以劝，如之何？"子曰："临之以庄则敬，孝慈则忠，举善而教不能则劝。"（《论语·为政》）

从季康子的关注，可见"使民"问题在当时的重要。事实上，在孔子思想中已有不少这方面的论述和意见，如：

> 上好礼，则民易使。（《论语·宪问》）
> 使民如承大祭。（《论语·颜渊》）
> 其养民也惠，使民也义。（《论语·公冶长》）
> 道千乘之国，敬事而信，节用而爱人，使民以时。
（《论语·学而》）

孟子也说："以佚道使民，虽劳不怨。"（《孟子·尽心上》）这些都透露出，春秋战国之交"使民"的问题是各级统治者和思想家共同关切的重要课题。

从《成之闻之》的全篇来看，它所提出的课题，是如何才能使民"从上之命""信上之言"。这显示出，在一个政治秩序已被破坏的社会，政治统治的危机十分突出而普遍。这种政治危机集中表现为信任危机，这使得"民从""民信"成了当时各国统治者所追求的政治目标。"信"德的突出即以此为背景。《左传》中已有不少例子，如子犯论用民之道，说"民未知信""未宣其用"（僖公二七年），以及提出"不信，民不从也"（昭公七年）的思想。此篇以此种社会问题为背景，从此入手，力图说明，要使民从民信，统治者必须以"求己"为先，"求己"就是"身服善以先之"，就是强调政治领导者要在道德上起表率的作用，修身进德。求己则民信上之言，求己则民从上之命，一句话，求己而后可以用民、使民。

（一）

《成之闻之》篇主要分为两大部分，从简一至简二〇为第一部分，简二一以下为第二部分。此篇的思想主要体现在第一部分，以下先将第一部分中的主要内容加以疏解：

1. 求己

  古之用民者，求之于己为恒。行不信则命不从，信不著则言不乐。民不从上之命，不信其言，而能含德者，未之有也。故君子之莅民也，身服善以先之，敬慎以（导?）之，其所在者内矣。（简一至三）

这是说，古来用民的人，以求己为恒常之德。因为，行为得不到信任，命令就不会有人服从；信用显示不出来，统治者的话就没有人听。民众不服从在上者的命令，不相信在上者的话，而却能感念在上者之德，这是不可能有的事。所以君子统领民众，必以身作则，率先行善，敬慎导民。

2. 以身服善

  君子之于教也，其导民也不浸，则其淳也弗深矣。是故亡乎其身而存乎其辞，虽厚其命，民弗从之矣。是故畏

服刑罚之屡行也,由上之弗身也。(简四至六)

此段大意是说,君子教民必须深入民之心。如果忘记了身行,而只是言教,则命令再多,人民也不会服从,从而最后导致刑罚施用不断,这都是由于在上者没有身先行善的缘故。从这段也可看出,儒家是反对以刑法治国的,把"齐之以刑"看作是一种失败的、坏的模式。同时,竹简中对"民"的力量的重视,表现出一些民本思想的意识。

3. 反本

上苟身服之,则民必有甚焉者。……是故君子之求己也深。不求诸其本而攻其末,弗得矣。是故君子之于言也,非从末流者之贵,穷源反本者之贵。苟不从其由,不反其本,未有可得也者。君上卿成不唯本,功□□□□;戎夫务食不强,加粮弗足矣;士成言不行,名弗得矣。(简七至一二)

这是说,在上者如能以身服善,人民必然更加仿效。君子以身作则,而倡导之,则人民很少有不服从的。所以君子总是深深地反求诸己。求己是本,不求其本而追逐其末,是不能成功的。因此君子对于言词,贵其反本者,而不贵其从末者。不遵循道,不能反本,没有能够成功的。这里的"本""末"之辨是很重要的。此段中的"其由"当指道。又,"是故君子之于言也……不反其本"一句在简一四中重复出现,疑抄写之误。简一五有"虽强之弗入矣",疑与上段中的"……弗足矣""……弗得矣"相对应。

4. 以道导民

上不以其道,民之从之也难。是以民可敬道也,而不可掩也;可御也,而不可牵也。故君子不贵庶物,而贵与民有同也。知而比次,则民欲其知之逐也。富而贫贱,则民欲其富之大也。贵而能让,则民欲其贵之上也。反此道也,民必因此厚也以复之,可不慎乎?(简一六至一八)

在上者行不由道,人民也就很难服从其命。所以人民可以引导,不可以压制;可以指挥,不可以强行。君子不以财物为贵,而以与民同享为贵。在上者如能富而好施,贵而好让,则人民就会希望他更富更贵。如果在上之行为不合乎道,人民就会因为其富贵的积厚而报复他。"富而贫贱""贵而能让"使人想起"贫而好乐,富而好礼"(《礼记·坊记》)的说法。

5. 爱人敬人

故君子所复之不多,所求之不远,窃反诸己而可以知人。是故欲人之爱己也,则必先爱人;欲人之敬己也,则必先敬人。(简一九至二〇)

这一段比较直白，君子求己、反己、爱人、敬人，故人民亦爱敬其在上者。在《性自命出》篇也有"闻道反己"的说法，《穷达以时》亦有"君子反己"（简一五）的提法。

以上是此篇简一至简二十的主要内容，意思连贯，文理细密。而简二一以后，多为解《书》之语，其解《书》诸段，往往与简一至简二〇所论不相联涉，故不拟对之多加讨论。

由此篇的论述可见，早期儒家对道德和修身的要求，主要是针对各级治民者所提出来的，而不是对民人提出来的。其基本观点认为，领导者要顺利履行公共职责，并得到民人的信任，必须率先在道德上作出表率，加强修身。

6. 民皆有性

此篇简二五至二八，涉及"人性"的问题，惟其中有些文字尚难释明：

> 务在信于众。《说命》曰："允师凄德。"此言也，言信于众可以凄德也。圣人之性与中人之性，其生而未有非之；节于而也，则犹是也。虽其于善道也，亦非有怿，娄以多也。及其博长而厚大也，则圣人不可由与撣之。此以民皆有性，而圣人不可莫也。

论性的这几简，是承上简"信于众"的讲法而来，"务在信于众"意谓统治的关键在于能得到民众的信任。这就涉及民众的"性"。这段话有数处费解，其大意似说，圣人之性与中人之性生而未有差别，中人以下的人，也是如此。人对道的爱好，并非天生的，而是反复习养所使然。习养所积厚，圣人便也改变不了了。所以虽然民皆有性，却很难达到圣人的境界（就是因为习养不够）。

（二）

《成之闻之》的思想都反映在简一至简二十。其中所论，广泛见于早期儒家各种文献，可以说是早期儒家的共同思想。以下分别论之。

1. 与《大学》

此篇思想与《大学》有很接近的地方。特别是《大学》第九、第十两章论齐家、治国，和本篇思想一致。《大学》突出"本末"之辨：

> 自天子以至于庶人，一是皆以修身为本。其本乱而末治者，否矣。（《大学》经一章）

《成之闻之》篇主张反本，反对从末，其所谓本，即是以德修身，与《大学》一致。《大学》又说：

> 其所令反其所好，而民不从。是故君子有诸己，而后求诸人；无诸己，而后非诸人。所藏乎身不恕，而能喻诸人者，未之有也。（《大学》传九章）

> 上老老而民兴孝，上长长而民兴弟，上恤孤而民不倍。（同上，传十章）

《大学》这里也提出"民从"的问题，其中所说"其所令反其所好，而民不从"，与此篇一致。"有诸己"，即是求己之意。在上者要民做的，与他自己所做的相反，则人民就不会服从，这和此篇讲的"上服善以先之则民从"是相同的。

当然，此篇所论与《大学》也有些差别，大学的问题意识，不仅是民之从与不从的问题，而且提出以在上者的道德榜样而化民成德，即"上老老而民兴孝"。所以其着眼处不仅是民信民从，而且是使民能行德行善。所以《大学》的要求更高，不止于用民而已。这亦可说明《大学》应成于此篇之后。

2. 与《中庸》

《中庸》也有与此篇相同的思想。《中庸》说：

> 上焉者虽善无征，无征不信，不信民弗从。下焉者虽善不尊，不尊不信，不信民弗从。故君子之道，本诸身，……君子动而世为天下道，行而世为天下法，言而世为天下则。（《中庸》二十九章）

这里所说的"不信民不从"，与本篇"行不信则命不从"等思想完全一致。所以《中庸》追求的是"见而民莫不敬，言而民莫不信，行而民莫不说"（同上，三十一章），是"君子不动而敬，不言而信""不赏而民劝，不怒而民威……"的治国效果，由此可见，《中庸》是有着和此篇相近的问题意识。而《大学》《中庸》都是要统治者求己修德，使民自然敬服。

《中庸》引孔子的话说："所求乎子，以事父未能也；所求乎臣，以事君未能也；所求乎弟，以事兄未能也；所求乎朋友，先施之未能也。"（十三章）这四个"所求"表达的就是"求己"。故张载谓："以责人之心责己。"朱子更说子思是"反求诸己"。这些与此篇的"求己"思想都是一致的。

3. 与孔子

本篇的思想与《论语》所见的孔子思想也是一致的。孔子一贯强调统治者自身的道德表率作用，提倡正己而后正人，如：

> 政者正也。（《颜渊》）范氏注"未有己不正而能正人者"。
> 其身不正，虽令不从。（《子路》）
> 苟正其身矣，于从政乎何有？（《子路》）
> 修己以安人。（《宪问》）

这都是要求在上者正己而后正人，特别是，孔子明确提出：

> 君子求诸己，小人求诸人。（《卫灵公》）

这是孔子明确提出的"求己"思想，故此篇和《论语》的思想是一致的。

此外《孟子》中有一段：

> 孟子曰："然。不可以他求者也。孔子曰：'君薨，听于冢宰'，歠粥，面深墨，即位而哭，百官有司，莫敢不哀，先之也。'上有好者，下必有甚焉者矣。君子之德，风也；小人之德，草也。草尚之风必偃。'是在世子。"（《孟子·滕文公上》）

这段话中的"上有好者，下必有甚焉者矣"，一般并未作为孔子的话，而在我的标点中，则作为孔子的话。按：焦循《孟子正义》即以"上有好者"以下、"必偃"以上，为"皆孟子述孔子之言"。⑮

《成之闻之》篇"上苟身服之，则民必有甚焉者"，与孟子所述孔子的话"上有好者，下必有甚焉者矣"是相同的，也与《缁衣》中的"子曰：……上好是物，下必有甚者矣"，以及《尊德义》中的"下之事上也，不从其所命，而从其所行；上好是物也，下必有甚焉者"是相同的，应当都是孔子的话。从这里来看，此篇应与孔子有密切的关系。

4. 与孟子

《孟子》书中的思想也与《成之闻之》篇相通，孟子说：

---

⑮《孟子正义》卷十，中华书局，1987年，第330页。

> 仁者如射，射者正己而后发。发而不中，不怨胜己者，反求诸己而已矣。（《孟子·公孙丑上》）

这里也提出"反求诸己"，与此篇"反本""求己"的思想是相同的。值得注意的是，《孟子》的这段话与《礼记》的一段相同：

> 射者，仁之道也。射求正诸己，己正而后发，发而不中则不怨胜己者，反求诸己而已矣。（《礼记·射义》）

《孟子》似承袭《射义》而言，故《礼记》中的篇章实多早出。

此篇中有一段话：

> 是故欲人之爱己也，则必先爱人；欲人之敬己也，则必先敬人。

《孟子·离娄上》：

> 爱人者，人恒爱之；敬人者，人恒敬之。

二者很相像，孟子似读过此篇。

此篇中还说：

> 故君子不贵庶物，而贵与民有同也。

《孟子·梁惠王下》有"与民同乐"等说,与此篇思想相同。另外《礼记》多有"与民同也"的说法（如《乐记》）。

此篇的思想史意义是使我们更加了解,"反求诸己"是早期儒家的中心思想。而此篇的思想特色,是将"求己"的道德要求与"用民"政治效果联结起来。也可以说,这显示出,"使民""用民"是早期儒家思想的基源问题,而"求己""修德"是儒家用以解决此问题的独特进路。同时,这也可以理解为当时儒者的"方便说法",即向君王进言所不得不采取的论述策略。此种论述策略是以"用民"为目的,以"求己"为途径。所以此篇是一劝君王修德的作品,其劝言的方式是春秋战国"士"的思想活动的常见形式。春秋战国时期诸子百家的学术活动,大都与"游说劝谏"的政治活动相表里,这使得他们的思想是通过与君王对话或向君王献言的方式来表达的。尽管如此,此篇强调的"求己""爱人"仍有重要的意义。

然而,这种"游劝献言"的形式,在理论上也造成一些限制。以此篇为例,以"用民"为目的,以"求己"为途径,则修身进德本身所具有的独立的价值和意义就很难彰显出来,变成只是为"使民""用民"服务的工具性手段。自然,如果脱离了用民的政治实践,君王是不可能被说服进行独立意义的道德修养的,儒家的政治理想也就完全不能落实。只是这样一来,在这种方便说法中,儒家道德理论的表达,也就不能不受到相当的限制。所以,凡以此种形式表达的儒家思想,都不能真正地、充分地表达儒家的完整理念。而儒家的发展,正是从不自觉到比较自觉的不断修正、不断改进的过程。

总之，无论是从思想内容还是论述方式上看，此篇都带有比较原始的性格，是儒家较早的一篇文献。

二 《尊德义》

"尊德义"的说法在早期儒家中并不罕见，《礼记》中有"尊德也"的提法（《礼器篇》），《孟子》中也有"尊德乐道"（《公孙丑下》）、"尊德乐义"（《尽心上》）的说法。

《成之闻之》篇是讲在上者服善则民从，而《尊德义》篇则讲善则民必众，但不必治；故善可以聚众，而不可以治众，治民必须以德教民，还需要以礼乐导民。以下先论述其主要思想和观点。

（一）莫不有道

1. 爵赏刑杀，必由其道

> 赏与刑，祸福之基也，或前之者矣。爵位，所以信其然也。正钦，所以攻□□。刑□，所以□举也。杀戮，所以除也。不由其道，不行。（简二至三）

大意是说，爵赏与刑杀，都是治理国家的手段，但其施行，可以造福，也可以造祸。关键在于爵赏刑杀要"由其道"，由其道即循当行之则。爵赏刑杀"不由其道"，就达不到好的预期结果。所以赏罚的运用要有正确的原则和方法，这个思想可概括为"爵赏刑杀，必由其道"。

2. 以道教人，以学求己

> 仁为可亲也，义为可尊也，忠为可信也。学为可益也，教为可类也。教，非改道也，教之也。学，非改伦也，学己也。（简三至四）

大意是说，道的内容就是仁、义、忠，对统治者来说，仁可使人亲近你，义可使人尊敬你，忠可使人信任你。学可以增益品性，教可使民向善。教不是要改变道，而是指点什么是道；学不是要改变伦常，而是要人求己。这个思想可概括为"以道教人，以学求己"。

关于"仁为可亲也"一句，上面的解释是与义之可尊、忠之可信、学之可益、教之可类的句法相贯通而来的，但在后面简一六也有"远礼亡亲仁"的说法。我们知道，孔子说过"泛爱众而亲仁"（《论语·学而》）的话，《左传》也有"亲仁"之说（见隐公、定公传），所以，也可以认为"仁为可亲也""义为可尊也"是表达的"亲仁""尊义"的思想。

3. 道四术，人道为近

> 禹以人道治其民，桀以人道乱其民。桀不易禹民而后

乱之，汤不易桀民而后治之。圣人之治民，民之道也。禹之行水，水之道也。造父之御马，马之道也。后稷之艺地，地之道也。莫不有道焉，人道为近。是以君子人道取先。

（简五至八）

这是说，禹和桀各有治人之道，但用禹之道便治，用桀之道便乱。人民没有变，但同样的人民，桀做王便乱，汤做王便治。所以关键是君王用什么"道"来治国。作者认为，圣人治民之方法才是"民之道"；大禹治水的方法才是"水之道"；造父驾驭马的方法才是"马之道"；后稷种地的方法才是"地之道"。做任何事情都有其"道"，君子是以"人道"为最要紧和切近的。这个思想似可概括为"道四术，人道为近"。

把这一段概括为"道四术，人道为近"，其实是参照了《性自命出》篇。《性自命出》中有"道四术，唯人道为可道也；其三术者，道之而已"（简一四至一五），"所为道者四，唯人道为可道也"（简四一至四二）。但在《性自命出》篇，"道四术"何所指，并无交代；而《尊德义》篇所说，正是四种道，这解释了何谓"道四术"。其中水之道、马之道、地之道，应即是所谓"其三术者，道之而已"。而《性自命出》所谓"唯人道为可道"，也就是本篇所说"人道为近，是以君子人道取先"。所以，此篇的此段是对《性自命出》中的论述的铺垫，没有此段，我们就无法知道"道四术"的所指。

（二）从知己到知行

此篇对"知"的提法颇有特色：

> 知己所以知人，知人所以知命；知命而后知道，知道而后知行。由礼知乐，由乐知哀。有知己而不知命者，无知命而不知己者。有知礼而不知乐者，无知乐而不知礼者。善取，人能从之，上也。（简八至一一）

了解自己才能了解他人，了解人才能认识命运，认识命运然后才能觉晓大道真理，知"道"然后才能知道如何行动。所以有只了解自己而不认识命运的人，但没有认识命运而不了解自己的人。作者认为"知"的深浅层次是有一个序列的，知己是最初始的，向上向深发展，依次为知人、知命、知道，而最后落实为知行。在这几个"知"中，只有"知命"可能有歧义，孔子有"五十而知天命"，故此篇的"知命"以指天命，亦非无可能。但更可能是指命运。作者还认为，在礼乐问题上，认识也有一个从浅入深的序列，由知礼而后到知乐，由知乐而后到知哀。"知乐"是比"知礼"更高的一个境界，所以有只知礼而未知乐的人，但没有知乐而未知礼的人。

在早期儒家文献中，有关"知"的论述很多。如：

> 子曰："不知命，无以为君子也。不知礼，无以立也。"（《论语·尧曰》）

这是把"知命"和"知礼"并列。又如：

> 子曰："不患人之不己知，患不知人也。"（《论语·

学而》）

这是把"知己"和"知人"并提。再如：

> 子曰："……思知人，不可以不知天。"（《中庸》）

这是把"知人"和"知天"联系起来。

在这些地方都提到"知人""知命""知礼""知天"，另外在《乐记》中也提到"知乐则几于礼矣"，《学记》有"人不学不知道"，不过都与此篇所说不一样。而此篇也没有提出"知天"。但此篇对各种"知"所作的逻辑的陈述，所安排的次序，是现存著作中所没有的。

应当指出的是，简八至一一论知人、知命、知道这一段，紧接于论"莫不有道"（简二至八）一大段，而意思却不连贯，是否抄书时有误，不得而知。

（三）教民以德

1. 先之以德

此篇中说道：

> 善者民必众，众未必治，不治不顺，不顺不平。是以为政者教道之取先。教以礼，则民果以羟。教以乐，则民□德清□。教以辩说，则民艺□□贵以忘。教以艺，则民

野以争。教以□，则民少以吝。教以言，则民讦以寡信。教以事，则民力啬以面利。教以权谋，则民□□远礼亡亲仁。先之以德，则民进善焉。（简一二至一六）

不过，简二七有句曰：

善者民必福，福未必和，不和不安，不安不乐。（简二七）

据文义，简二七应接于本段首句"善者民必众"之前，当作："善者民必福，福未必和，不和不安，不安不乐。善者民必众，众未必治，不治不顺，不顺不平。……"故这里应有一处错简。

"福"字整理者疑读为"富"，不知是否，姑依此说。此段大意谓：在上者善，则下民必富，但富不一定和睦，而不和睦便不能安宁，不安宁就不能达到"乐"。在上者善，则他的人民必多，而人民多不一定有秩序，没有秩序就不顺畅，关系理不顺畅，政治就不平稳。所以，为政者要重视对民的教化引导。教民者首先要用什么来教民呢？作者认为，教民辩说和言辞，人民就会不讲信用。教民种植（艺）工技（事），则民就会图利相争。教民权谋，民就会忘记仁、疏远礼。作者主张，要先教以"德"，这样民才能在道德上增进善。

教民以礼、教民以乐，本来似乎是应当肯定的，但在上面这段话中，有关教礼教乐的有些文字不能辨认，致使意思不明；另外，就整个文章"教以……教以……"的叙述，似乎教民以礼、教民以乐，并不是作者所肯定的，至少不是优先肯定的。

2. 教政必教人

此篇中又说：

> 夫生而有职事者也，非教所及也。教其政，不教其人，政弗行矣。故终是物也而又深焉者，可学也而不可疑也，可教也而不可迪其民，而民不可止也。尊仁、亲忠、敬壮（义？）、归礼。（简一八至二〇）

推其大意是说，那些生来因世袭而有政事职责者，并不是由教育而获得的。教民行政令，而不教化其德行，政令也是行不通的。尊仁、亲忠、敬义、归礼，这些都是可以教、可以学，而不可疑、不可止的。简文释作"敬壮"，而据前文"义为可尊也，仁为可亲也，忠为可信也"，疑"壮"字当为"义"字；或"庄"字（孔子曰"临之以庄则敬"）。这一段是把前面所说的"教之以德"具体化为尊仁、亲忠、归礼等。此段中有些语句未明，待考。

3. 民可导而不可强

> 行矣而亡，养心于慈良，忠信日益而不自知也。民可使道之，而不可使知之。民可道也，而不可强也；桀不谓

其民必乱，而民有为乱矣。爱不若也，可从也而不可及也。
君民者，治民复礼，民余害智。（简二一至二三）

教民和道（导）民的过程，是一个潜移默化的过程，常行而不思，心中的慈良忠信便不知不觉地慢慢增长起来。所以对于民，可以引导他们去做应当做的，而不必要他们知道为什么要这样做；民可以引导之，而不可以强迫之。桀以为人民不会乱，而去强迫其人民，结果人民因受强迫而生乱。

简二三"爱不若也"以下，尚有读不通处，其中"可从也而不可及也"与简一九的"可学也而不可疑也"句式相同。总之，在上者的任务就是治民复礼。疑以上这一段（即简二一至二三），应接于简一六之后。

最后，《论语》有：

子曰："民可使由之，不可使知之。"（《论语·泰伯》）

此篇说"民可使道之，不可使知之"，与《论语》的子曰完全一样，盖道即由也。看来，所谓"民可使由之，不可使知之"，是对于"忠信日益而不自知"的教化过程而言的。而"民可道也，不可强也"以下，是对于桀对民的强力压迫而言。《论语》孤立地引用孔子一句话，上下文的语境于是而失焉。我们应当参考《尊德义》篇重新理解孔子的话。

在《成之闻之》篇中也有类似的提法："民可敬道也，而不可掩也；可御也，而不可牵也。"（简一六）这与此篇《尊德义》

所说应同出一源。

4. 德莫大乎礼乐

> 为故率民向方者，唯德可。（简二八）
> 德者，且莫大乎礼乐焉。（简二九）
> 故为政者，或伦之，或养之，或由中出，或设之外。伦求其类。（简三〇）
> 为邦而不以礼，犹之亡也。非礼而民悦，此小人矣。非伦而民服，世此乱矣。（简二五）

这些论述的大意是，率民为政，唯有用"德"。而以德治民，最重要的是礼乐。所谓"由中出""养之"是指"乐"的作用，而"伦之"和"设之外"，则是"礼"的作用。这可从《礼记·乐记》中说"乐由中出，礼自外作"得到证明。治理一邦一国，要在治民复礼。治国不用礼乐，不是君子；不用礼乐，邦国必乱。

（四）德与行

此篇的最后一大段简文，提出了不少德行的条目，按其表达，可分为两类。第一类是正面提出的必要的政治道德，如时、爱、忠、正、恭等：

> 不时则亡劝

> 不爱则不亲
> 不□则不怀
> 不厘则亡畏
> 不忠则不信
> 弗用则亡复（简三二至三三）

以及：

> □则民
> 正则民不吝
> 恭则民不怨

在这种表达里，"则"字前面是指"上"而言，"则"字后面是指"民"而言。如"不忠则不信"，是指上不忠则民不信。仿此，上不爱则民不亲，上不惠则民不怀，上不时则民不劝（孔子说"使民以时"）；《缁衣》中也说："长民者……慈以爱之，则民亲之。"其意也是说上爱则民亲，不爱则民不亲。这些说法都是用"不……"的否定句来表示对爱、忠等德行的肯定。下面几条则是直接肯定的说法，如：正直则民不吝啬，恭敬则民不抱怨。可见，这些都是告诉统治阶级，具备哪些德行才能得到人民的信任和拥戴；具备哪些德行才能使民为君、上所用。这和《成之闻之》强调"上服善而民从"是一致的。

第二类则是指出哪些德行和举措，孤立行之，是不足以治国治民的：

郭店楚简儒家记说续探：《尊德义》与《成之闻之》

> 均不足以平政
> 稼不足以安民
> 勇不足以沫众
> 博不足以知善
> 快不足以知伦
> 杀不足以胜民（简三二至三五）

其中有几字意义未明，但大体是清楚的，如"杀不足以胜民"是说靠杀戮并不能服民，不能以力服人。"博不足以知善"，是说知识的广博并不能增进道德。"均不足以平政"一条也很有意义，是说只靠平均主义的政策并不能实现政治的平定。这说明把儒家思想归结为平均主义是不正确的。"不足以"，表示作者并非全盘否定这些德行和举措的意义，而是指出它们每一种本身对于治国治民都是不充分的。

不仅上述的内容与《成之闻之》所讲的内容很相像，以下一段也具有同样的性质：

> 下之事上也，不从其所命，而从其所行。上好是物也，下必有甚焉者。夫唯是，故德可易而施可转也。（简三六至三七）

《成之闻之》中有"行不信则命不从"，"民不从上之命，不信其言，而能含德者，未之有也"；"亡乎其身而存乎其辞，虽厚其命，民弗从之"；"上苟身服之，则民必有甚焉者"，都是说的同一个道理。

上面所说的这些内容,与《成之闻之》的关系,也许还有研究的余地。

(五) 此篇与孔子

此篇中有三处孔子的话,不能不引起注意。这三处都在简二十以后:

第一段是:

> 德之流,速乎置邮而传命。(简二八)

竹简整理者已指出,此见于《孟子》引孔子的话:

> 孔子曰:"德之流行,速于置邮而传命。"(《孟子·公孙丑上》)

第二段是:

> 民可使道之,而不可使知之。

此可见于《论语》:

> 子曰:"民可使由之,不可使知之。"(《论语·泰伯》)

第三段是：

下之事上也，不从其所命，而从其所行。上好是物也，下必有甚焉者。

此可见于《礼记》：

子曰："下之事上也，不从其所令，从其所行。上好是物，下必有甚焉者矣。"（《礼记·缁衣》）

这个子曰，即是孔子所说。二篇所述完全一致。

在《尊德义》短短的一篇中，竟有三处孔子的话，一条见于《论语》，一条见于《孟子》，一条见于《缁衣》。而在《尊德义》中又没有指明是"子曰"或"孔子曰"，这个现象应当如何解释呢？一个合理的推测就是，《尊德义》与孔子有密切的关系，甚至可能就是孔子本人的论述，而由弟子传述下来。

三 《性自命出》和《六德》

拙文《郭店楚简〈性自命出〉篇初探》按照整理者的分篇和释文，对《性自命出》作了初步的研究。关于该篇的作者，我提出了三种可能，一是与子游有关，一是与公孙尼子有关，一是与子思有关，并说明我更倾向于公孙尼子。有朋友问我，为什么列出三种可能，而又独重公孙尼子呢？

其实，要照白纸黑字的证据，应首选子游，因为有子游的话可为证。但是如果说此篇是子游之作，则会遇到一个问题，即先秦文献未说子游有书传世，汉人所传多种先秦子书中，并没有《子游子》，这是我不把子游作为首选的主要原因。而我虽然不把子游作为最可能的作者，但仍然认为作者应当是子游这一派的，所以推测公孙尼子是子游的学生。

与子思有关的可能，是从《性自命出》篇的"未言而信""未赏而民劝"与《中庸》"君子不动而敬，不言而信""不赏而民劝，不怒而民威于斧钺"的话比较而得来的。但这样的话在先秦儒家著作中很常见，如《礼记·祭义》："天则不言而信，神则不怒而威。"又如《荀子》："君子无爵而贵，无禄而富，不言而信，不怒而威。"（《荀子·儒效》）所以我不以此两句话作为子思是作者的充分的证据。那么，为什么先秦许多儒家书中都讲了"不言而信""不怒而威"，而偏提出子思来作为可能者呢？这主要是因为，这批简中有《缁衣》和《鲁穆公问子思》，以及李学勤等学者认为郭店儒书多属《子思子》，故而承认子思亦为一可能之作者。

《性自命出》简五〇至五三：

> 凡人情为可悦也。苟以其情，虽过不恶。不以其情，虽难不贵。苟有其情，虽未之为，斯人信之矣。未言而信，有美情者也。未教而民恒，性善者也。未赏而民劝，含富者也。未刑而民畏，有心畏者也。贱，而民贵之，有德者

也。贫，而民聚焉，有道者也。

这一段实际上是论以德治民，与《性自命出》通篇论情性的主题不同，而和《成之闻之》的思想与论题很相近。《性自命出》的主题应是由论情性而论证以"乐"化民的可能性。这一段中所说"不以其情，虽难不贵"与《成之闻之》"上不以其道，民之从之也难"相通。这一段与《成之闻之》关系如何，是否有错简，似还值得研究。据李零先生的看法（私人谈话），《性自命出》本有分别篇章的符号，三十六简以下应为另一篇（或章）。但整理者并未加以区分，何以如此，在《郭店楚墓竹简》中未见说明。如果所谓《性自命出》可分为两篇（或章），那么以上所说的矛盾可以得到一种解释。

至于《六德》，篇中以"义者，君德也"，"忠者，臣德也"，"智也者，夫德也"，"信也者，妇德也"，"圣也者，父德也"，"仁者，子德也"，这些提法大多数是前所未见的。唯有《礼记·郊特牲》云"信，妇德也"，与《六德》的"信也者，妇德也"一致。另外，"君德"的提法在《易传》中为多见。

《六德》篇第七简：

……不由其道，虽尧求之弗得也。生民

按《尊德义》云：

不由其道，不行。

故疑《六德》第七简本当为《尊德义》的部分。

四　关于《语丛》一、二

《语丛》中的第四，现在学者多认为与前三篇不同，不属于同一体系。我也同意这一看法。

细读《语丛》，有一个现象值得特别注意，这就是：《语丛》的一、二，与《尊德义》《成之闻之》《性自命出》《六德》等篇，在内容上存在着"相互对应"的关系。我之所以用"相互对应"，是因为我们还不能肯定地用"经"—"说"这种古文献中的对应形式来说明《语丛》与四篇的关联。但在我看来，这种关联是很明显的。在这种视野下，《语丛》的性质应可以渐渐得到说明。

1.《语丛》与《尊德义》

《语丛》一中有这样一些论述：

> □生德，德生礼，礼生乐，由乐知型。（《语丛》一，简二五）
>
> 知己而后知人，知人而后知礼，知礼而后知行。（《语丛》一，简二七）
>
> 其知博，然后知命。（《语丛》一，简二八）
>
> 知天所为，知人所为，然后知道，知道然后知命。（《语丛》一，简三〇）

知礼然后知型。(《语丛》一,简六三)

以上这些论述,完全是和《尊德义》中的这段话相对应的:

知己所以知人,知人所以知命;知命而后知道,知道而后知行。
由礼知乐,由乐知哀。
有知己而不知命者,无知命而不知己者。
有知礼而不知乐者,无知乐而不知礼者。(《尊德义》,简八至一一)

虽然在具体的说法上略有差别,如《语丛》说"知道然后知命",《尊德义》则说"知命而后知道";《语丛》说"知人而后知礼,知礼而后知行",《尊德义》说"知人所以知命……知道而后知行"。无论如何,两者的对应关系,是极为明显的。

又如《语丛》说:

夫天生百物,人为贵。人之道也,或由中出,或由外入。(《语丛》一,简二〇)
由中出者,仁、忠、信;由(外入者?)……(《语丛》一,简二一)

上引《语丛》所说,在《尊德义》中亦有对应:

故为政者，或仑之，或养之，或由中出，或设之外。（《尊德义》，简三〇）

《语丛》的表述"或由中出"和《尊德义》中的"或由中出"也是相同的。

2.《语丛》与《性自命出》

《语丛》二和《性自命出》的对应关系更为显明，整篇《语丛》二，几乎都是与《性自命出》有关的内容。如：

情生于性，礼生于情
爱生于性，亲生于爱
智生于性，卯生于智
恶生于性，怒生于恶
喜生于性，乐生于喜
愠生于性，忧生于愠

这一类的说法在《语丛》二中比比皆是，都是与《性自命出》的以下说法相对应的：

性自命出，命自天降，道始于情，情生于性。（简二至三）

几乎可以说，《语丛》二都是在发明"情生于性"的命题，而这一命题是《性自命出》的基本思想。

不仅《语丛》二是这样，在《语丛》一中也有不少与《性自命出》对应的内容，如：

> 有生有知，而后好恶生。(《语丛》一，简九)

这应当是与《性自命出》的"好恶，性也"相对应的。

比照这一条来看，《语丛》一中"有天有命""有物有容"等说法可能都与《性自命出》有对应关系。

3.《语丛》与《六德》

《语丛》一有云：

> 《易》，所以会天道人道也。(简三七)
> 《诗》，所以会古今之诗也者。(简三九)
> 《春秋》，所以会古今之事也。(简四〇至四一)
> 《礼》，交之行述也。(简四二)
> 《乐》，或生或教者也。(简四三)
> (《书》?)……者也。(简四四)

这些应是与《六德》的这段话相对应的：

> 观诸《诗》《书》则亦在矣，观诸《礼》《乐》则亦在矣，观诸《易》《春秋》则亦在矣。(《六德》，简二四

至二五）

（《性自命出》中也说："《诗》《书》《礼》《乐》，其始出皆生于人。"）

《语丛》一又云：

> 仁生于人，义生于道，或生于内，或生于外。（《语丛》一，简二三）

这应是与《六德》的相对应的：

> 仁，内也；义，外也；礼乐，共也。（《六德》，简二六）

这是讲仁生于内，义生于外，礼乐则是内外合的结果。

在《语丛》一中，还有不少述及君臣（简八七）、朋友、父子（简六九）、兄弟（简七〇）、孝弟（简五八），应当都与《六德》有关。

总之，《语丛》一、二并没有独立的体系，其中的内容，都见于其他篇章。另外，以上所说的对应关系，主要见于《语丛》的一和二，《语丛》三较少。而《语丛》三中有两条孔子的话，未注明为子曰或孔子曰，但见于《论语》。《语丛》一、二则没有孔子的话，这似乎提示出，《语丛》一、二和《语丛》三之间，还有一些我们没有掌握到的分别。

由以上可见，《语丛》与《尊德义》《性自命出》等篇有对应的关联，应可肯定。《语丛》的有些语句也可在《五行》《穷达以时》《唐虞之道》等篇中发现对应的语句。另外，在《语丛》一、二、三之间，某些简文亦可能有对应的关系。这都需要仔细地加以认真的研究。本文只是将其中的关联略为表出，希望引起方家的注意和深考。

写定于1998年9月18日

郭店楚简《性自命出》
与上博藏简《性情篇》

一

郭店楚墓竹简中的《性自命出》一篇，释文公布后引起研究者的极大兴趣。无独有偶，此篇亦见于上博藏简之中，而被命题为《性情论》。现在上博藏简此篇已面世，为我们深化对《性自命出》文本的理解，提供了进一步的可能性。以下，将郭店简的《性自命出》与上博简的《性情篇》略加比较，以见其同异。

李零的《性自命出》校读（见《道家文化研究》第十七辑），将郭店简的《性自命出》依原简篇号，分为上下两篇，并根据文义，将全篇分为21章，上篇为1—13章，下篇为14—21

章。本文为方便起见，以李零分章为参考基准，而将其 21 章自"身欲静"以下分出第 22 章，依此观察上博简，则上博此篇与之对应的章序为：

1、2、4、5、6、7、8、9、10、11、12、13

17、22、18、19、20、21、14、15、16

由上面所列章序的情况可知，此篇的上半部的章序，郭店简和上博简是一致的，只是上博简缺少第 3 章及第 4 章的前半。而此篇下半部，郭店简和上博简的章序不同，其中最突出者，郭店简是以 14、15、16 三章为首，而上博简中这三章却在最后。

二

以下稍详论之，为讨论的方便起见，在以下的讨论中，我们先举列李零的郭店简分章号，然后说明与此章相对应的上博简文本的情况。

1 章：上博简与郭店简大体相同。值得注意的是，郭店简首句作"凡人虽有性"，而上博简写作"凡人虽有生"。性字在郭店简和上博简的其他篇中都写作上生下目，故上博简此句中的生字究竟是生抑或是性，仍值得研究。此外，上博简缺"好恶性也所"数字。

2 章：上博简缺最后"虽有性心弗取不出"一句，"有声"后有也字。

3 章：上博简缺全章，即"凡心有志也，无与不［可，人之不可］独行，犹□之不可独言也，牛生而长，雁生而伸，其性［使然，人］而而学或使之也"。

4 章：上博简缺首句"凡物无不异也者"至"柔取之也"。

5 章：大体相同，若干字写法有异，如"或交之""或厉之"的"交"和"厉"，上博简皆下有心字。另有"之或养之"四字缺。

6 章：相同，"道"字的写法与郭店简有异，此在全篇皆然。

7 章：上博简缺最后一句，郭店简此句作"道者群物之道"，上博简无"者群物之道"，但在第一个道字后有也字。

8 章：上博简"道四术"下有也字，但缺"凡道心术"数字。

9 章：上博简此章中间断断续续缺字，共八九个字。如"礼作于情"的"作"字上博简缺，章最后的"深泽也"上博简缺。但上博简"其始出"下多"也"字。

10 章：上博简缺三句，即"则慆如也斯奋""韶夏则勉如也""也，郑卫之乐则非其"，当属竹简的残断所致。

11 章：上博简缺"指皆教其"四字。

12 章：缺首句"凡至乐"三字及他处二字。

13 章：李零校读"其声变，则"下，据文义补"［其心变］"，上博简则为"其声变，则心从之矣"，李零的校读当据此改正。缺"吟游哀也"数字。又上博简此章无"喜斯陶……愠之终也"一大段。

郭店楚简《性自命出》与上博藏简《性情篇》

三

17章:"行之不过"句,上博简"行之"下有"而"字。"[交以义者也]",上博简作"交以故者也",当据改。上博简缺"未赏而民劝……未刑""闻道反上"及他处若干字。

22章:上博简首句作"凡身欲静而勿欠",说明郭店简"身"字前遗"凡"字。每章依"凡"字开头,是本篇的一个特点。此章上博简文序与郭店简不同,上博简此章文序为"身……,用心……,虑……,退……"下接"□欲□而有礼,言欲植而勿流,居处欲节度而勿曼,君子执志……"。而郭店简的文序为:"身……,虑……,行……,貌……,心……,喜……,乐……,忧……,怒……,进……,退……,欲……,君子执志……"。两者比较,不仅文序不同,而且内容差异也甚大。以句数而言,上博简较郭店简为少,无喜、怒、忧、乐、欲等项,但有用心、言、居处等项。

另外,上博简无最后一句"君子身以为主心"。

18章:相同,个别字写法不同。

19章:相同,个别字写法不同。

20章:"凡于征毋畏",其中的"征"字上博简作"道路"。

21章:此章全文"凡忧患之事欲任,乐事欲后。"上博简相同。但郭店简此章后下接"身欲静……",未独立分章。

14章:上博简缺"举,其心必在焉,察其见者,情焉失哉""忠,信之方也;信,情之方也""近义,所为道者四,唯人"数句。

15 章：大体同，若干字写法不同。

16 章：郭店简"慎，仁之方也"，上博简作"慎，虑之方也"。似应以上博简为是，疑形近而误。郭店简此章结尾有黑点。

四

经过比较之后可知，郭店简《性自命出》比较完整，而上博简《性情论》则缺损稍多。

根据上博简《性情论》，再来看郭店简《性自命出》，根据上博简可将郭店简残断缺损者正确补入，改变以前"据文义补"的不确定性。如 1 章的"情者能""善性也"，2 章的"也弗扣不鸣"，9 章的"贵其义"，13 章的"心从之矣"，17 章的"交以故者也"等。另外，可根据上博简确认郭店简的误字，如郭店简 9 章"之后"在上博简作"先后"，应以郭店简为正。

现在来看上博简引发的问题。

首先，比起郭店简，上博简有三段重要阙文，即郭店简所有的 3 章"凡心有志……"一段，13 章"喜斯陶……"一段，和 22 章"君子身以为主心"一句。这种情形，一种可能是上博简的残损所造成的（也不能排除出土以后到上博收藏之间竹简的失落），不过，从简面上看，3 章有此种可能，但 13 章的"喜斯陶"一段和"身以为主心"一句，则看不到这种迹象；另一种可能是上博简本来无此三段的缺残，或者是抄写脱落所致，如果上博简本来即无此三段，则说明上博简与郭店简是不同的传本。

这后一种可能性，因这一篇后半部两种文本章序的不同，而得到进一步的支持。但此篇后半部两本章序的不同，不仅提出了"何者的章序更合理"的问题和"为何不同传本章序不同"的问题，而且也再次提出《性自命出》上下两部分是否可能为两篇独立的文章的问题。我现在的基本看法是，由于上博简缺损多于郭店简，所以仍应以郭店简文本为优。至于何以不同传本章序不同，这可能需要从传经经师的章句不同来解释。总之，不管上下两部分是否为两篇独立的文章，这两部分的内容虽有一致的地方，但重点确乎不同。这主要是，上部的重点是以乐化情，以礼养性；而下部的重点是君子的德行和容貌。

写于 2001 年 12 月 18 日

郭店楚简《性自命出》与儒学人性论

从先秦儒学的一般线索来看，孔子提出的"性相近，习相远"的思想，战国中期孟子提出的性善说，以及战国后期荀子提出的性恶说，成为今人熟悉的儒家人性论的三个典范。但是，相比于孟、荀的人性论，孔子的人性论思想在《论语》中并没有清楚呈现出来，"性相近"的说法应当如何诠释才能历史地接近孔子自己的思想，并没有接近孔子时代的资料加以支持。而在孟荀之外，先秦两汉甚至隋唐的儒学中持续不断的人性善恶混的思想，自宋代以后渐被人们遗忘了。

出土资料《郭店楚墓竹简》发表之后，我即撰文指出，对研究先秦儒家思想来说，郭店楚简的重要意义之一，就是证明了先秦早期儒学对"人性"问题的主流看法并不是性善论，或者说还没有形成性善论的观念。郭店楚简中《性自命出》等篇的人性说，从天—命—性—情—道的逻辑结构来讨论人性的本质和作用。它主张命自天降、性自命出、情出于性、道始于情；认为天所赋予的是性，而性即是天生的好恶，就是人的内在的喜怒哀乐之气；喜怒哀乐之气表现于外，便是情，情合于中节便是道。这种以生之自然者为性的看法，还是接近于自然人性论，其哲学的思考基本上是"以气论性"而不是以理为性的进路。由于《性自命出》可能是孔子直接门人的作品，故这种看法应当最接近孔子的人性论并作了继承和发展，特别是，这种人性观与现在所知的多数先秦两汉儒家所持的人性说是相通的。由此可知，这种人性说其实是早期儒家人性思想的主流。[①] 而孟子的性善论和荀子的性恶论，在儒学的前期发展中反而是较为独特和少有的。郭店楚简的发现为我们重新审视古典儒家的人性论，提供了重要的文献。同时，郭店楚简的发表，也给我们提供了一个重新思考有关"儒学传统"持续与变迁的契机。本文是在我已有的关于《性自命出》篇的分析基础上所作的进一步讨论。

一 郭店楚简的人性说的再分析

郭店楚简的《性自命出》篇集中地讨论了人性的问题，其中关于人性的看法，有许多命题值得注意。以下分若干问题来加以讨论。

---

① 陈来：《郭店楚简之〈性自命出〉篇初探》，《孔子研究》1998 年第 3 期。

(一)"性"与"好恶"

《性自命出》说:

> 好恶,性也。所好所恶,物也。

这句话直接的意思是说,好恶是人的本性,物是好恶的对象。这里性—物相对,显然有内—外的对比意义。然而,我曾指出,这个命题中的"好恶"可以有两种解释:第一,以"好恶"指情欲活动,"好恶,性也"是说好恶之情是内在本性的表现。第二,以"好恶"指人的内在的倾向和要求;如甲见好色而好之,这是情,但甲不是今天见好色而好之,明天便见好色而恶之;甲会见一切好色皆好之。因此甲的每一次好好色的活动,都反映或表现了甲的内在的"好",这内在的"好"就是性。故曰"好恶,性也"。确定这两种解释何者合理的关键,就是要分清"好恶是指情还是指性"。

如果好恶是属于"情",何以说"好恶性也"?不过,提出这样的问题的时候,我们也要提醒自己:"性—情"的分别,在先秦并非普遍的自觉,我们要注意避免用后来明确的性情相分的观念外加给性情不分时代的文献材料。从"好恶,性也;所好所恶,物也"这句话的前后看,"所好所恶"的"好""恶"是指意识和情感活动,因此"好恶,性也"的"好恶"应亦是指情感活动而言;从而,"好恶性也"应是主张好恶之情根于本性。同时,此篇后面强调"情出于性",正是努力区别"情"和"性",从这点来看,"好恶,性也"应当有理由被理解为一种"情出于性"的思想,即好恶之情是出于本性的。在哲学上,这里的好恶都是意识活动现象的层面,不是本质的层面(如后儒刘宗周的好恶是意向性的,不是指意识活动的现象);同时这里的好恶主要是情欲的好恶,不是孟子所说的道德的好恶。

在先秦思想中,以好恶言性、以情言性是很普遍的,如《乐记》"好恶无节于内,知诱于外"也是一种以性—物内外相对而说的例子。事实上,先秦两汉哲学还有一个特点,就是以"情性"连称,性和情混同使用。《荀子》中也是常常以好恶论情性。先秦思想家往往不区别情性,如荀子说:"性之好恶喜怒哀乐谓之情","夫民有好恶之情而无喜怒之应则乱"。在这些说法中,都有以情论性的倾向。以情论性实际上把人的感情活动欲望需求当作人的本性。虽然,用"情出于性"解说"好恶性也",可以说是我们的一个强解释,而依照这样的解释,《性自命出》篇中已经有了把情和性区分的抽象,从性情不分到情出于性,这对以往的性论而言是个进步。

所以,根据以上分析,应当说,在前面提出的两种解释中,性自命出的观点应当是以好恶为情,以好恶之情根于本性。由此我们可以推断,古代最早的人性论是性情不分,以好恶之情为性,以喜怒哀乐为性,把人的情欲和感情现象直接当作人的与生俱来的本性。这种人性的概念是把"性"理解为与生俱来的特质。进一步的发展则以好恶之情根于性,以喜怒哀乐之气为性,把内在的本性和发见的情感分别开来。

（二）"性"与"喜怒之气"

《性自命出》另一个重要命题是：

> 喜怒哀悲之气，性也；及其见于外，则物取之也。

这里的"性也"就不应解释为"根于性"或"性的表现"了，因为后面"及其见于外"的说法已经预设了前面所说的"喜怒哀悲之气"就是指"内"而言。因此，这句话是说，喜怒哀乐之气就是性，而喜怒哀乐之气发见于外，是由于外物的吸引。"见于外"应当就是指喜怒哀乐之情。所以"喜怒哀乐之气"与"喜怒哀乐之情"是不同的，前者是未发见于外的，后者是已发见于外的。

以气论性，在现有先秦文献中尚不多见。《性自命出》这一段材料表达的哲学立场是"以气说性"，认为性是人的喜怒哀悲之气，但作为性的喜怒哀悲之气是"内"而不"见于外"，见于外者应属情。内外之分表示性情之分，这也是比以情为性的说法进步的一种说法。此种思想在先秦可见于《大戴礼记·文王官人第七十二》：

> 民有五性，喜怒欲惧忧也。喜气内畜，虽欲隐之，阳喜必见。怒气内畜，虽欲隐之，阳怒必见。欲气内畜，虽欲隐之，阳欲必见。惧气内畜，虽欲隐之，阳惧必见。忧悲之气内畜，虽欲隐之，阳忧必见。五气诚于中，发形于

外,民情不隐也。

此段文字亦见于《逸周书·官人解》(个别字有所不同,如作"民有五气")。这是认为人有五性,五性就是喜怒欲惧忧五气。"五气"属于内,属于中,"阳"表示发见的情。喜气内畜,必有喜情发于外。这种思想与《性自命出》这一段的讲法是一致的。从哲学上看,这种讲法是把本来属于抽象的"性"的观念,用一种具体的实在物加以表达,这种情形在古希腊也不少见。

事实上,《乐记》中的一段话,也未尝没有这个意思:

> 是故先王本之情性,稽之度数,制之礼义,合生气之和,道五常之行,使之阳而不散,阴而不密,刚气不怒,柔气不慑,四畅交于中而发作于外……

"四畅交于中而发作于外"就是解释"本之情性"的,也即是《文王官人》的"五气诚于中,发形于外"。"四"应指阴阳刚柔四气,"交于中"即内在的,亦即是说四气是性。

照这样的说法,喜之气发而为喜之情,怒之气发而为怒之情,等等,即每一种见于外的情都有一种在内的气与之对应,而为其根据,这就是性。性的概念,就其发展了的完整意义而言,应指本质特性而言,但早期中国哲学在哲学抽象上还不能完全摆脱具体,所以把情之所出的"性",用"气"充当其实体。

然而,被当作性的气是内在的,没有发于外的,这种性气与先秦时代所说的六气的关系是什么？如果还可以提出问题的话，那么还可以提出，如果说喜怒哀乐与好恶相同，作者为什么只说"喜怒哀悲之气，性也"，而不说"好恶之气，性也"呢？从逻辑上应当是可以这样说的，在《语丛》中说"有生有知，而后好恶生"，又说"恶生于性"，把这个问题进一步作了阐发。

（三）"性"与"情"

由上可见，喜气畜于内，喜情发于外，喜气是喜情的内在的根源和根据，故曰"情生于性"。这种以气为基础的情生于性说，与宋儒以理为基础的情发于性的说法是有所不同的。如程朱理学主张性即理，而以性之发为情，但理学中也有主张"七情是气之发"的思想，这就与性自命出的说法接近了。

"情生于性"在《性自命出》中两次出现，可见是作者很重视的命题。这一命题又见于《语丛》，在《语丛》中有更进一步的表达：

> 爱生于性，亲生于爱，忠生于亲。
> 欲生于性，虑生于欲。
> 智生于性，卯生于智。
> 子生于性，易生于子。
> 恶生于性，怒生于恶。
> 喜生于性，乐生于喜，悲生于乐。
> 愠生于性，忧生于愠，哀生于忧。

> 惧生于性，监生于惧。
> 强生于性，立生于强。
> 弱生于性，疑生于弱。

所谓"情生于性"，"情"是指什么呢？应当包括爱、欲、智、慈（子）、恶、喜、愠、惧等等。根据以上所说，情生于性，就是指喜、愠、惧、慈、爱、恶、欲、知等情都生于性。这些情可谓最初级的情感。而所谓乐生于喜、忧生于愠、怒生于恶、亲生于爱等，是指两者虽然都是情，但前者在后者的基础上发展得更加强烈，如"愠斯忧"，故说"忧生于愠"。由于乐、忧、怒、亲等是在喜、愠、恶、爱等初级情感的基础上发展出来的，所以乐、忧、怒、亲等可以说是与初级情感相区别的次级情感。初级情感和次级情感都是"情"。

在《语丛》中，没有提到"好"生于性，但提到"恶生于性"，在逻辑上应当包含了"好恶生于性"。值得注意的是，《性自命出》讲"喜怒哀悲之气，性也"，而在《语丛》，只有"喜"生于性，而其他三者则说为"怒"生于恶、"哀"生于忧、"悲"生于乐，没有把喜怒哀悲并列。这说明《语丛》对情的具体解释和《性自命出》还是有所不同的。

郭店楚简揭示出，早期儒家的人性观念，不是为了说明道德的根据，而是说明情感好恶的根据，这是很值得注意的。以气论性的说法也应当从这个方面来理解。

（四）"性"与"心"

《性自命出》说：

> 四海之内，其性一也。其用心各异，教使然也。

孔子曾说"性相近也，习相远也"，《性自命出》篇显然继承了孔子的思想。人都有好恶喜怒之性，所以可以说人的性是相同的，这就是所谓"其性一也"。但人的心不相同，这里的心指道德意识的水平。道德意识的水平是教育的结果，故说"其用心各异，教使然也"，因为"教所以生德于中者也"。从这里的说法来看，作者还没有人性本善或者人性本恶的意识。当然，即使是性善说，也可以讲"四海之内，其性一也。其用心各异，教使然也"。但此篇的确没有出现性善的思想。如果说，此篇的人性论是接近孔子的人性论而发挥孔子的人性论，那么，可以说孔子的人性论的相近说，就是基于好恶喜怒的人性论。值得注意的是，从这里的提法可知，此篇作者认为性和心是不同的，人的性可以是相同的，但人的心是不同的，这种注重心性之分的提法，体现了这样的观念，即人性是属于本质层次的，而人心是意识现象层次的，二者是有分别的。此篇还说"心无定志，待物而后作，待悦而后行，待习而后定"，说明作者的"心"的概念是指一般的知觉之心，本来是没有一定方向的。

另外，《成之闻之》篇中也有"民皆有性"、圣人与民人之性相同的思想。《成之闻之》篇：

> 务在信于众。《说命》曰："允师凄德。"此言也，言信于众可以凄德也。圣人之性与中人之性，其生而未有非之；节于而也，则犹是也。虽其于善道也，亦非有怿，娄以多

也。及其博长而厚大也,则圣人不可由与掸之。此以民皆有性,而圣人不可莫也。(标点从友人李零说)

这段话是从要取信于众讲起的,但多处费解。大意似说,圣人之性与中人之性生而未有差别,中人以下的人,也是如此。人对道的爱好,并非天生的,而是反复习养所使然。习养积厚博大,便成为圣人了。所以虽然民皆有性,却很难达到圣人的境界(就是因为民的习养不足)。这种观点可以说也是"性一心异"论的一种体现。

(五)"性"与"物"

《礼记·乐记》虽是数篇合成,但其中思想基本一致。如说"人心之动,物使之然也","感于物而动,性之欲也,物至知知,然后好恶形焉"。"物之感人无穷,而人之好恶无节","夫民有血气心知之性,而无喜怒哀乐之常,应感起物而动,然后心术形焉"。在这些说法中,都体现了一种内心—外物的对比,认为心之动、欲之动、好恶之形,都是"物"所引起的。属于主体活动方面的意识、情感、欲望,其活动都是由外物所引动而发起的。

《性自命出》与《乐记》的看法相近,认为"凡动性者,物也","及其见于外,则物取之也"。这里"及其见于外"的"其"指性,性见于外便是情,见于外,也就是"好恶形焉"。与《乐记》不同处在于,《性自命出》不仅讲心动,而且讲性动。其思想是认为,人虽有好恶之性,但只有物诱于外,好恶才表现出来。物是所好所恶，物使得好恶之性外化了。事实上，物感性动，在宋明理学中仍然是常见的观念，当然，这是受《乐记》的影响，不是受《性自命出》的影响。

不过，如果说好恶是性的表现，性的内涵是什么？《乐记》说"民有血气心知之性，而无哀乐喜怒之常"，这是把性规定为血气心知的根源，血气决定欲望，心知表现认识能力，因此《乐记》的人性观念并不是道德的人性观念。对比之下，以好恶和喜怒之气论性的《性自命出》的"性"应当接近于血气之性。此外，物能够感动、引动性的表现，这被感动的性显然不是指人的道德本质，而是人的生存论的本性。

（六）"性"与"习"

《性自命出》有养性的观念：

> 动性者，物也；逢性者，悦也；交性者，故也；厉性者，义也；绌性者，势也；养性者，习也；长性者，道也。习也者，有以习其性也。

按《论语》和《孟子》中都只有几次谈到"习"，也不曾把"习"和"性"联系起来。不过，《大戴礼记·保傅第四十八》中引孔子的话却明确讲到"习"和"性"的关系：

> 孔子曰："少成若天性，习贯之为常。"此殷周之所以长有道也。

卢注曰："人性本或有所不能，少教成之，若天性自然也。"这是以"教"解释"习"。"习"一般是中性的，故孔子谓习相远。"教"则是正面的，把"习"解释为"教"，则这里的"习贯之"也是正面的了。楚简的"习以养性"和"习其性"，似乎有二义，"养性者，习也"，这里的"习"是泛指习俗习惯；而"习者，有以习其性也"，这里的"习"似指养性功夫，这个意义上的"习"，即是 cultivation。

养性的观念在《孟子》中也提出来，即"存其心，养其性，所以事天也"（《尽心上》）。孟子这句话是主张以"存心"来养性，而不是以"习"来养性。不过孟子的确很重视"养"的观念，他说："今夫麰麦，播种而耰之，其地同，树之时又同，浡然而生，至于日至之时，皆熟矣。虽有不同，则地有肥硗，雨露之养，人事之不齐也。"这里的养就是指后天的习养。又说："苟得其养，无物不长，苟失其养，无物不消。"（《告子上》）这里是讲对性的滋养。不过就概念来说，"养"不一定只是正面的，如世子认为，举其善性，养而致之则善长，举其恶性，养而致之则恶长。这个"养"就是一般的习养观念了。

不过，这里可以提出一个问题，上面说"性一心异"，那么，不同习养的结果是"心异"，使人的道德意识有了差别，这应无问题。然而，是否习养也造成了"性异"呢？所谓"养性""习其性"是否意味着习养在改变心的同时也改变了性呢（习与性成）？如果性被习养所改变，"性一"的观念又如何成立呢？楚简对此并未提出进一步的思考和回答。无论如何，我们可以说，在郭店楚简中，注重点不在道德的心性根据，而在正确的习养功夫，用明代哲学的话说，重点不在"本体"，而在"功夫"。

（七）"性"与"天""命"

《性自命出》的第一段中说：

> 性自命出，命自天降；道始于情，情生于性。

竹简的整理者很注意此句，认为与《中庸》首句"天命之谓性"相近。的确，如果我们把宋儒对《中庸》的解释放在一边，则"性自命出，命自天降"的意思是说，性出于命，命来自天，故在文字上就可以理解为"天命为性"。

其实，如果不按宋儒的解释，仅就"天命之谓性"说，其意义并不能够归结为性善论，而只是说，性是天赋的，天赋的就是性。《孟子·告子上》：

> 富岁子弟多赖，凶岁子弟多暴，非天之降才尔殊也，其所以陷溺其心者然也。

"天之降才"即天生的资性，即"天命之谓性"，也就是"性自命出，命自天降"，而这并不意味着性就是善的。

但是，《性自命出》与《中庸》首句有一不同，在《中庸》，"天命之谓性"的命是命令，不是一独立的存在论环节，而是天的一种活动和表达方式，故朱子集注曰"命，犹令也"。在哲学上朱子把命解释为赋予，认为赋予如同命令，故说："天以阴阳五行化生万物，气以成形，而理亦赋焉，犹命令也。"而在《性自命出》，"命自天降"，"降"相当于《中庸》的"命"，故《性自命出》的"命"本身是由天命令或赋予来的，具有一定的独立的存在意义，这应当与古代文化中对命的信仰有关。而这里的"命"，我觉得也具有生命（如后世道教所说的命）的意思。"性自命出，命自天降"的意思是：性根于生命躯体，而生命是天所赋予的。这就与全篇以生论性，以气论性的思想一致了。这个解释虽然还需要找到更多的训诂的根据，但就思想的理路而言应当是可以成立的。

"性自命出，命自天降；道始于情，情生于性。"这是《性自命出》篇的第一段。这一段显然可以分为两句，即"性自命出，命自天降"和"道始于情，情生于性"。就这两句的次序来说，为什么作者不说"道始于情，情生于性；性自命出，命自天降"？这样不是更合乎逻辑的次序吗？作者不这样说，有不可变的理由吗？

二　先秦儒家人性论的主流

从性说的方面看，最引人关注的问题是：《性自命出》以及郭店楚简的其他篇是否提出了性善论。《性自命出》篇中的"好恶，性也""喜怒哀悲之气，性也"的说法肯定不是性善论，也就是说，它没有"人之性皆善"这样的思想。

不过，《性自命出》篇的后部有一段话：

> 未言而（民）信，有美情者也。未教而民恒，性善者也。

这里出现了"性善"的语词。这句话是指某些"在上者"（即治民者）而言，意思是说：未许诺而得到民的信赖，这是有美情的人；未施教化而使民有常心，这是性善的人。这里"美情"与"性善"相对应，联系"好恶，性也"及"喜怒哀悲之气，性也"的说法，应是指这种在上者的好恶和喜怒哀悲自然合于道，故能取信于民、感化于民。这里的"善"近于"美"，与孟子的性善论是不同的。因此这种说法最多只是认为有的人性善，而明显预设了性善者是少数。所以从这句话并不能得出普遍意义的性善论。

据东汉时王充说：

> 周人世硕，以为人性有善有恶，举人之善性，养而致之则善长；恶性，养而致之则恶长。如此则情性各有阴阳，善恶在所养焉。故世子作《养性书》一篇。宓子贱、漆雕开、公孙尼子之徒亦论性情，与世子相出入，皆言性有善有恶。（《论衡·本性》）

宓子贱名不齐，漆雕开字子开，都是孔子弟子，《论语》中皆有记述。《汉书·艺文志》儒家五十三家，其首为："《晏子》八篇。《子思》二十三篇。《曾子》十八篇。《漆雕子》十三篇。《宓子》十六篇。《景子》三篇。《世子》二十一篇。《魏文侯》六篇。《李克》七篇。《公孙尼子》二十八篇。《孟子》十一篇……"《汉书·艺文志》且注明世子、公孙尼子皆为"七十子之弟子",即孔子的再传弟子,而《隋书·经籍志》则以公孙尼子"似孔子弟子"。从艺文志的叙述次序可知,他们的活动都在孟子之前。郭沫若说:"公孙尼子可能是孔子的直传弟子,当比子思稍早。"②

世子所谓"性有善有恶",是说每个人的性都不是单一的,每个人的性都是既有善的一面,又有不善的一面。据王充说,孔子的弟子宓子贱、漆雕开和孔子的再传弟子公孙尼子也都持有与世子类似的主张。

在《孟子》一书中,记述了公都子所提到的三种人性论:

> 公都子曰:"告子曰:'性无善无不善也。'或曰:'性可以为善,可以为不善。'是故文武兴,则民好善;幽厉兴,则民好暴。'或曰:'有性善,有性不善。是故以尧为君而有象,以瞽瞍为父而有舜。"(《孟子·告子上》)

可见在孟子提出性善说时,已有三种与性善论不同的人性论。一种是主张:

> 性可以为善,可以为不善。

另一种是主张:

---

② 《郭沫若全集》历史编第一卷,人民出版社,1982年,第492页。

> 有性善，有性不善。

与孟子同时的告子则明确说：

> 性无善无不善也。

"性可以为善，可以为不善"与告子所说"性无善无不善"是一致的，告子也说："性犹湍水也，决诸东方则东流，决诸西方则西流。"即可以为善，可以为不善。而"有性善，有性不善"说，与世子之说不同，是说有的人性善，有的人性不善，而不是说每个人的性中都有善与不善。这种看法亦可说是对孔子"唯上智与下愚不移"的发展。

世子是孔门当时一个有影响的人物。宓子贱、漆雕开、公孙尼子都是孔门的重要人物，告子"仁内义外"说见于楚简的《六德》篇等处，孟子对告子的批评，往往使人忽视了告子也是儒家。告子与孟子同时，应在公孙尼子和世子之后。宓子、漆雕子、世子、公孙尼子、告子，他们的人性论虽然在说法上不完全一致，但都比较接近，可以说这类人性论共同构成了当时孔门人性论的主流。③ 荀子有关人性的基本概念也明显地受到这一先秦孔门人性论的主流的影响。孟子以后，孔门早期人性论并未被孟子所取代，而一直延续流传。所以这种人性论并不

---

③ 蒙文通早已指出："告子之言，亦归本于仁义，是亦儒者也。盖告子之说，实亦本之'性近习远'之义。世子以之言'性有善有不善'，告子以之言'性无善无不善'，斯皆据旧之所谓性以为言也。"《中国现代学术经典：蒙文通卷》，第518页。

能仅仅被定位为在孔孟之间的儒家人性论，在战国至汉唐时期，它一直以各种互有差别的形式延续流传，成为唐以前儒学人性论的主流看法。

宋代朱熹在解释《中庸》的"喜怒哀乐未发谓之中，发而皆中节谓之和"时说："喜怒哀乐，情也；其未发，则性也。"（《中庸章句》）朝鲜李朝哲学家李退溪进而提出："四端发于理，七情发于气。"《性自命出》的思想以及先秦儒家人性说的主流，看起来是近于"以气说性"，而不是"以理说性"，即近于"七情是气之发"的进路。这种进路也可以说就是所谓"生之谓性"的进路。"以气论性"、"以好恶论性"（"以情论性"）、"以生论性"（"以自然论性"）是七十子及其后学的人性论的主要思想。这与孟子以后至宋明发展至极的"以理论性""以生之当然论性"是很不同的，也是原始儒学人性说的特点。

三 人性说在儒学传统中的地位

孟子的性善论在宋代以后成为支配性的儒家人性论，南宋以后，绝大多数的宋明儒学思想家都在理论上承认"性"是善的。因此，如果我们把眼光放长到整个儒家思想的历史，可以看出，儒家从早期到后期的人性论，是有很大变化的。无疑，在这个儒家人性学说的变化过程中，二程和朱熹的"性即理"说发挥了决定性的作用。

可以这样说，历史上每个时代儒家的人性学说，都呈现出不同的主张和形态，因而是多元的，而不是单一的；但不同的历史时期中，往往有一种主流的看法。统观中国儒家思想史上的人性论发展，大致可以分为四个阶段。第一个阶段是《诗》《书》代表的早期古代，第二个阶段是春秋战国时期，第三个阶段是汉唐时期，第四个阶段是宋明时期。

第一阶段以《尚书》为代表，如说"不虞天性"，如所谓"节性"，如所谓"习与性成"，其人性观念都"是指那自然而本然者言，即自然如此本然如此之性向、性能、性好、质性"，都是指"自然生命之自然特征所构成的性"。④ 在这一阶段还未出现以"善""恶"评价自然生命为内容的性。

第二阶段是孔子至战国末期的儒家，这个时期已开始用"善""恶"来评价人的本性，但这个时期受第一阶段影响较大。以人的自然性好为性，这种人性观念是"自然之性"或"实然之性"，而不是"当然之性"。孔子受西周观念影响，主张性相近，应是指自然之性而言，⑤ 郭店儒书的人性论，以好恶言性，以喜怒哀悲之气言性，注重的是自然情感的根据，而不是当然之则的根据，故仍然是自然之性的讲法。告子代表的性无善恶说，或性可为善可为恶说，在以"生之谓性"的形式下仍然突出的是自然之性的观念。在孔门七十子时代，开始用善恶的范畴思考人性问题，世子、漆雕子、宓子、公孙尼子都主张"人性有善有恶"，构成了先秦儒家人性论的主流。这些都是以自然感情、自然倾向为基础来追溯性的观念。而郭店楚简讲"哀乐，

---

④ 牟宗三：《心体与性体》第一册，正中书局，1968年，第198页。

⑤ 孔子所说的性相近，如果如阮元所解释，性即生，那么孔子的这句话就是指：人生下来是接近的，习惯使人拉开了差别。照这种理解，严格地说，孔子的这句话并未涉及人性的讨论。

性相近也"，明显承继了孔子思想，其中又承认有的人性善，应与战国通行的性有善有恶论相通；而其人性的观念明白地以"气""好恶"为基础，为我们理解这一时代的人性论提供了难得的素材。孟子发展了性中有善的观念，从道德感情推寻其普遍内在的根据；荀子继承了自然之性的讲法，而以之为恶。战国儒家的人性论异彩纷呈，莫衷一是，正如王充所说，在人性问题上"昔儒旧生，著作篇章，莫不论说，莫能实定"，"自孟子以下，至刘子政，鸿儒博生，闻见多矣，然而论情性，竟无定是"。

第三阶段以人性"善恶混"为主，实即世子所谓"性有善有恶"之说的发展。董仲舒、扬雄、荀悦都是如此，与先秦所不同的是，这一时期的人性善恶混说是与性三品的分级说结合一起，以便把善恶混说（中品）与性善说（上品）、性恶说（下品）调和起来。由于中人最多，故性之善恶混说应用最广。

第四阶段程朱以理为性，性即是理，即禀受而来的天地之理，当然之性的观念成为理学的基本观念，性善论成为宋明时期主导的论说。性善论在理论上得到广泛的肯定，但在义理之性为主导的前提下，气质之性的概念也包容了自然之性的观念。

从儒家的人性论史来看，从先秦到宋明，并不存在一个一以贯之的人性论传统，尽管，笼统地说，也可以说南宋以来的儒家是主张性善论的，但放眼先秦以来的整个儒学传统，是不能说性善论是儒学自始以来相传不变的传统的。因此，儒学内部的种种人性学说，其实都是对儒家思想基本宗旨的不同哲学论证。从儒学史的角度来看，并不能把性善论当作儒学所以为儒学的核心理论。如果把性善论作为儒学的核心理论，那么，除了孟子以外，先秦至隋唐的儒家思想都变成了偏离儒家思想核心的表达，这等于对先秦至隋唐的儒学史的否定，也是对宋代以后许多儒学家的否定，这显然是非历史的。也因此，我们不能把儒家思想中最早出现的人性说当作儒家的根本，也不能把儒家思想发展中后来成为主流的人性说看作是对儒学道统的偏离。这些看法都有意无意地走向一种原教旨主义的论证方式。同时，我们也可以理解，儒学不是一种哲学，儒学主要是一种思想体系，其中容纳了不同的哲学观点，这些不同的哲学观点在不同时期、不同历史条件下，从不同的角度，对儒学的基本思想展开了不同的哲学论证。那种把儒学归结为单一一种哲学的立场往往从宗派出发，都是不全面的。

如果说儒家的各种人性学说是对儒学宗旨的不同的论证，那么，儒学有没有一个一以贯之的基本标准、宗旨和核心，构成了儒学所以为儒学的传统呢？就历史上的实际状况说，这个标准是不言自明的，每个时代都有自觉认同儒学的学者，儒者和认同其他思想体系的学者相互间的彼此区分也是很明确的，只是这种标准和区分较少反映为明言的层次。在我看来，从先秦到明清，儒学所以为儒学的标准、宗旨和核心，简单说来，就是"宗本五经孔子，倡导王道政治，重视德性修身，强调家庭伦理，注重社会道德，崇尚礼乐教化"。先秦至隋唐的儒学多以经学为形式，传经是前期儒学延续的重要方式，"宗本五经孔子"即指儒学的此种经典特征。

当然，宋代以后性善说至少在形式上是儒学人性论的主流，在这个意义上，可以说，儒学在发展中，越来越多的儒学思想家更倾向于性善论，这实际显示出，比起其他儒家人性观，性善说更能突出儒家的特点，更能和儒家的教育思想、道德思想、政治思想相配合。但在儒学史研究上我们终究不能用正统—别流的观念来处理各种儒学思想体系中的人性论问题。

儒学史上的各种宇宙论、形上学、人性论、知识论等都是这些宗旨的不同论证或展开，这些不同的理论论证和理论延伸构成了儒学的丰富性。而儒学的这些不同的论证之所以出现，不仅是思想家的个体差异所致，更是不同时代课题、社会环境与矛盾的反映。正是这些不同的、特殊的、具体的儒学表达，由于适当地回应了自己时代的挑战，而对儒学发展做出了贡献。因此，我们不能用一种论证为标尺，抽象地衡量其他各种论证，因为各个论证都是因应自己时代的特殊课题和自己独特的存在感受。所以，我们需要的是一种包容性最大的儒学史观，在这种儒学史观中，历史上的各儒学的表达形态与论证方式，历史上各个时期对儒学发展做出贡献的思想体系，都能得到充分的肯定而被包容其中。

竹帛《五行》为子思、孟子所作论

本文基于对 1970 年代以来对《五行》篇研究的学术史检讨,从以往研究的薄弱环节出发,依据郭店楚简出土后研究的新发展,提出《五行》篇经部为子思作、说部为孟子作的推定,并认为这是呼应荀子所谓"子思唱之,孟轲和之"的合理的结论。

一

1973 年湖南马王堆三号汉墓出土了一批帛书文献,其中《老子》甲本卷后有四篇佚书,第一篇即所谓《五行》篇。此篇可分为两大部分:第一部分论述仁、义、礼、智、圣为"五行",第二部分是对第一部分的逐句解说与发挥。依照战国时文献往往有经有说的旧例,庞朴最先提出应将全

竹帛《五行》为子思、孟子所作论

篇分为经和说，将第一部分名为经，第二部分名为说。① 这种将帛书《五行》篇视为经说结构的看法，得到了研究者的一致同意。

帛书《五行》篇公布后，庞朴首先指出，书中表达的五行思想，即是荀子在其《非十二子》篇中所批评的子思和孟子一派的"五行"说，庞朴称为"思孟五行说"。他认为："我们应该可以得出这样一个结论，马王堆帛书《老子》甲本卷后古佚书之一，是'孟氏之儒'或'乐正氏之儒'的作品"②，是儒家思孟学派的五行说，即被荀子所批评的五行说。应当说，庞朴指出《五行》的思想内容即是荀子所批评的子思、孟子一系传承的五行说，是正确的。

关于帛书《五行》篇的作者和年代，庞朴开始时推测其成书年代"在孟子以后或同时"。后来他倾向在战国后期，故在后来的《帛书〈五行〉篇评述》中提出说："《五行》篇的特点与价值是，它以战国后期流行的经与说的形式，继续思孟学派的心性论，创立自己的知行说，……帛书《五行》篇可以说是思孟学派的余波，它对孟子的心性论作了补充和发挥。但五行又完成于《易传》的主要篇章出世之后，因而也吸收了宇宙论的成就。"③ 这些说法，把帛书《五行》的成书时代和作者归结为战国后期思孟学派的余波。

---

① 参看庞朴《竹帛〈五行〉篇与思孟"五行"说》，《竹帛〈五行〉篇校注及研究》，万卷楼图书有限公司，2000年，第100页。
② 庞朴：《马王堆帛书解开了思孟五行说古谜》，同上书，第132页。孟氏之儒、乐正氏之儒的提法出自《韩非子·显学》篇。
③ 庞朴：《帛书〈五行〉篇评述》，同上书，第156页。

绝大多数中国学者的看法与庞朴相同，如整理者之一的韩仲民便称此篇为"子思孟轲学派的门徒"的作品。④ 认为此篇作于孟子之前者唯魏启鹏，1990 年代初魏启鹏作《〈德行〉校释》，认为帛书《五行》是战国前期子思氏之儒的作品，在孟子之前。⑤ 此外，也有学者认为此篇作于汉代，以池田知久为代表，他在其《马王堆汉墓帛书〈五行〉篇研究》一书中推论此篇成书于汉代初期（这个观点在郭店楚简公布后他已经加以修改，认为成于战国后期）。⑥

从今天的观点来看，即站在郭店楚简公布以来新的研究的基点上，应当肯定，庞朴 70 年代对此篇的研究贡献有三：第一是分别经与说，这在当时和后来都得到了一致的同意；第二是命名为五行，虽然曾有学者有不同意见，如魏启鹏定名为《德行》，但在郭店楚简的《五行》篇出土后已很少再有异议；第三是确认此篇的思想内容即荀子所批评的观点。⑦

然而，郭店楚简的公布，有了新的证据，使我们在作者和年代的问题上有可能重新加以考察；同时，也给了我们一个机会，从学术史的角度重新检讨 1970 年代以来的研究，使《五行》篇的研究在此基础上进一步得以推进。

---

④ 韩仲民：《长沙马王堆汉墓帛书概述》，《文物》1974 年第 9 期。
⑤ 魏启鹏：《〈德行〉校释》，巴蜀书社，1991 年，第 105 页。
⑥ 池田知久：《郭店楚简〈五行〉研究》，《郭店简与儒学研究》，《中国哲学》第二十一辑，辽宁教育出版社，2000 年，第 129 页。
⑦ 也有少数学者对此有不同意见，如李耀仙、赵光贤。黄俊杰曾指出，这些反对以《五行》为思孟五行的主张都不能获得帛书内容的支持，故无法成立，见黄著《中国孟学诠释史论》，社会科学文献出版社，2004 年，第 93 页。

二

1993年湖北荆门郭店一号楚墓出土一批竹简。考古学者据楚墓类型学研究推定，该墓入葬时间约在公元前300年。⑧ 郭店楚墓出土的竹简文献中有一篇，自题为《五行》，其内容基本同于马王堆帛书《五行》篇的经部，而没有说部。首先，这一新的出土资料问世，使得学者们都认为，以往帛书《五行》篇的命名是合理的。其次，竹简《五行》有经无说的事实，使得学者大都接受这样的推定，即经与说不是同时完成的。最后，由于竹简《五行》入葬于公元前300年，其成书年代必在孟子以前，从而使得以往对马王堆帛书《五行》篇成书年代的推定必须加以修正。

仍然是庞朴最先对此作出反应，他说："荀子批评子思、孟轲编造'五行'，则此篇既早于孟子，其为子思或子思弟子所作，或大有可能。"⑨ 由于此篇与竹简的《缁衣》同抄一卷，而《缁衣》在古代被认为是子思之作，更加强了学者以《五行》思想为子思一派的看法，于是子思作竹简《五行》的看法被普遍接受。李学勤甚至认为整个郭店楚简儒书文献皆为《子思

---

⑧ 除原发掘报告外，参看彭浩《郭店一号墓的年代及相关的问题》，载《本世纪出土思想文献与中国古典哲学研究论文集》下册，陈福滨主编，辅仁大学出版社，1999年，第357页。

⑨ 庞朴：《竹帛〈五行〉篇校注及研究》引言，万卷楼图书有限公司，2000年。

子》。⑩由于《五行》篇经部的出土,庞朴对帛书《五行》的说部的年代和制作也进一步提出了他的想法:"因此我设想,《五行》篇早先并没有'说'或'解',帛书所见的'说',是某个时候弟子们奉命缀上去的。"⑪他还推测,其原因"大概正是由于荀子的批评,思孟学派的弟子们,觉得应该将他们的经典《五行》篇施以解说,以杜讨伐,以广流传,于是遂有了解说本,如马王堆所见。"⑫"'说'文完成的时间,当在孟子以后乃至《孟子》成书以后,是由弟子们拾掇老师遗说补做出来的。"⑬

郭店楚简公布后,有关《五行》篇的研究,主张、结论多同于或近于庞朴,即帛书《五行》篇的经部为子思所作,说部是孟子后学的缀补,唯与庞朴以帛书《五行》在荀子之后的主张不同,李存山主张竹简《五行》早于《中庸》,帛书《五行》则在孟子之后、荀子之前。⑭郭沂则认为,不仅竹简《五行》为子思所作,而且帛书《五行》的说的部分的作者亦当为子思门人。⑮郭沂此说无异重新肯定了魏启鹏的说法,以经说两部分都定为孟子以前的子思氏之儒的作品。

---

⑩ 李学勤:《先秦儒家著作的重大发现》,《中国哲学》二十辑,辽宁教育出版社,1998年。
⑪ 庞朴:《竹帛〈五行〉篇比较》,载《竹帛〈五行〉篇校注及研究》,万卷楼图书有限公司,2000年,第94页。
⑫ 同上。
⑬ 庞朴:《竹帛〈五行〉篇与思孟〈五行〉说》,同上书,第104页。
⑭ 李存山:《从简本〈五行〉到帛书〈五行〉》,载《郭店楚简国际学术研讨会论文集》,武汉大学中国文化研究院编,湖北人民出版社,2000年,第244页。
⑮ 郭沂:《郭店楚简与中国哲学》,同上书,第575页。

竹帛《五行》为子思、孟子所作论

三

现在让我们来看看从帛书《五行》公布到竹简《五行》篇公布以来，研究者对于帛书《五行》经部与说部的思想差异，以及说部与孟子思想联系的论点。

庞朴在早期研究中即提出，帛书《五行》说文中大量引用《孟子》文句，如集大成、金声玉振等，他说："对照两边引文，自会发现，佚书同孟子，在这里不仅思想相同，而且连语言也一样，几乎无需多加说明。……据此，可以说佚书中的圣是脱胎于孟子的。"[16] 即使是反对把帛书《五行》篇的思想归结为思孟学派的池田知久也承认，马王堆《五行》篇最中心的思想是孟子思想，"马王堆《五行》所怀抱的思想是儒家思想，作为其中最重要的思想是孟子思想，这一点毋庸置疑"。当然他认为此篇中也有荀子思想的影响。[17]

竹简《五行》和帛书《五行》最大的差异是帛书《五行》的说部突出"仁义"，而竹简《五行》并没有突出"仁义"。竹简《五行》公布后，陈丽桂比勘了竹简《五行》和帛书《五行》之后，指出竹简《五行》崇"圣"，而帛书《五行》崇"仁义"，二者思想重点有所不同，基本上说部更切近孟子

---

[16] 庞朴：《马王堆帛书解开了思孟五行说古谜》，载《竹帛〈五行〉篇校注及研究》，万卷楼图书有限公司，2000年，第130页。
[17] 池田知久：《郭店楚简〈五行〉研究》，《郭店简与儒学研究》，《中国哲学》第二十一辑，辽宁教育出版社，2000年，第97—98页。

的观点，而经部则有所不同。⑱ 李存山也认为："正是在孟子思想的影响下，帛书《五行》篇出现了对简本的种种改编的情况，这些改编是迁就于孟子思想的改编，而其解说，一是解释原有的文本，二是加进了孟子思想的因素。……如果说简本《五行》乃是子思（或子思氏之儒）的作品，那么帛书《五行》似可谓'孟氏之儒'的别派的改编解说本。"他所说的孟氏别派，指的是孟子后学中与孟子思想有所不同的儒者。他还认为，荀子在楚地应见过帛书《五行》篇，其批评包括对此篇的批评，或主要针对的就是此篇。⑲ 李景林认为，简本《五行》从思想结构上应接近孔子，为子思"昭明圣祖之德"，绍述孔子思想之作。而帛本《五行》则强调"仁义，礼知之所由生也"，此说则接近孟子，其说在用语和思想上更接近孟子。从简本到帛本，其性善论之征愈益明显。⑳ 这也是在内容上充分肯定帛书说部的思想近于孟子的思想，但他未就作者问题加以讨论。

可见，从帛书到竹简，学者大多认为帛书《五行》的说部的思想切近孟子的思想，在这一点上，似无争议。当然，也有个别学者认为五行思想与孟子有所不同，这一点我们在下节来加以解释。我们的问题是，如果荀子在《非十二子》中的批评

---

⑱ 陈丽桂：《从郭店竹简〈五行〉检视帛书〈五行〉说文对经文的依违情况》，载《本世纪出土思想文献与中国古典哲学研究论文集》上册，陈福滨主编，辅仁大学出版社，1999年，第196页。

⑲ 李存山：《从简本〈五行〉到帛书〈五行〉》，载《郭店楚简国际学术研讨会论文集》武汉大学中国文化研究院编，湖北人民出版社，2000年，第246页。

⑳ 李景林：《从郭店简看思孟学派的性与天道论》，同上书，第633页。

竹帛《五行》为子思、孟子所作论

是主要针对帛书《五行》篇,那么荀子究竟根据什么指定说"子思唱之,孟轲和之"?

四

现在我们回过头来,检讨一下以往有关思孟五行说的论证,看看其中有什么薄弱的环节,又有什么方法可以改进。

我们来看看《荀子·非十二子》篇的那句话:

>略法先王而不知其统,犹然而材剧志大,闻见杂博,案往旧造说,谓之五行。甚僻违而无类,幽隐而无说,闭约而无解,案饰其辞而只敬之曰:此真先君子之言也。子思唱之,孟轲和之。

然而,现存历史资料并不能提供更多的细节说明被荀子批评的对象。正如庞朴在一开始就指出的:"在流传下来的孟子书上,以及相传为子思书上(《中庸》《缁衣》等),也找不到直白无隐的可以佐证荀子的什么五行说。"他又说:"孟子道性善,谓'仁、义、礼、智'乃'根于心'的君子本性,这是众所周知的;孟子当然也没少谈'圣'。只是,人们似乎从未见到,七篇巨著中,孟子曾在哪里把'仁、义、礼、智'与'圣'字连举或并提过。至于子思,就更难说了,因为其书已不可考。……在现存的《中庸》及版权疑为子思的《缁衣》《表记》等《礼记》篇章中,我们似乎同样并未看到仁、义、礼、智、圣五德并举的字样。"[21] 此说完全正确。既然今存典籍中很难找到佐证《孟子》《中庸》中有五行说的资料,那么怎么联系帛书《五行》篇来证明思孟本有五行说呢?

庞朴的特识,是在《中庸》《孟子》中各找到一例在他看来是五德并举的例子。对于孟子,他认为"最为关键的证据是:孟子也曾将仁义礼智圣并列,来谈论人性和天命的关系"。他举出的《孟子》中的一例材料是:

> 口之于味也,目之于色也,耳之于声也,鼻之于臭也,四肢之于安逸也,性也,有命焉,君子不谓性也。仁之于父子也,义之于君臣也,礼之于宾主也,智之于贤者也,圣人之于天道也,命也,有性焉,君子不谓命也。(《尽心下》)

庞朴根据朱熹《四书集注》记载的一种说法,认为"圣人"的"人"字是衍字,这样:"现在有了马王堆帛书,我们可以而且应该理直气壮地宣布:'圣人之于天道也'一句中的'人'字,是衍文,应予削去,原句本为'圣之于天道也'。孟轲在这里所谈的,正是'仁、义、礼、智、圣'这'五行'。"[22] 然而,即使如此,我们也得承认,孟子只讲"四端",并未提到"五行"的观念,而且,《孟子》中上面这一段也不是独立讨论"德行",

---

[21] 庞朴:《帛书〈五行〉与思孟〈五行〉》,载《竹帛〈五行〉篇校注及研究》,万卷楼图书有限公司,2000年,第100页。

[22] 庞朴:《马王堆帛书解开了思孟五行说古谜》,同上书,第131页。

竹帛《五行》为子思、孟子所作论

而是在《孟子·尽心下》的性命论中提出来的。而所谓"孟轲和之",不仅意味着孟子使用了"五行"的概念,而且他对五行的德行论还作了发挥。但这在《孟子》上面一段中是找不到的。所以,即使我们赞同庞朴对上引文的解释,我们也不能不说,这一思想在《孟子》中算是"隐晦"的了。仅仅这一条材料就能证明"孟轲和之"吗?显然不能。[23]

庞朴在《中庸》中所发现的仁义礼智圣连用的一例是:

> 唯天下至圣,为能聪明睿智,足以有临也;宽裕温柔,足以有容也;发强刚毅,足以有执也;齐庄中正,足以有敬也;文理密察,足以有别也。(三十一章)

庞朴解释说:"这里所说的聪明睿智,就是圣;宽裕温柔,就是仁;发强刚毅,就是义;齐庄中正,就是礼;文理密察,就是智。"[24]

庞朴对《中庸》这段话的解释是可以接受的。[25] 然而,即使我们承认庞朴的解释完全成立,我们也不能不说,《中庸》没有提到"五行"的观念,比起《孟子》,甚至没有明提仁义礼智圣五者。把这作为子思在《中庸》表达或倡言其五行说,

---

[23] 何况,即使在《五行》篇中也说"圣人知天道",《尽心》中的圣人的人字是否衍字,还在未定。

[24] 庞朴:《思孟五行新考》,载《竹帛〈五行〉篇校注及研究》,万卷楼图书有限公司,2000年,第142页。

[25] 但若苛求地说,在此五者之前已经有了"至圣"的圣,若再说聪明睿智为圣,则似嫌重复。

比起《中庸》本身明确提出的五"达道"、三"达德",更是过于"隐晦"了。这一条材料就能证明"子思唱之"了吗?显然不能。

所以,最重要的是,仅靠这两条"幽隐"(借用荀子的用词)的材料,即使如庞朴的解释,也决不能证明仁义礼智圣五行说,曾经过"子思唱之、孟轲和之"。相对于竹简《五行》篇对五行的明确叙述,《中庸》的一段是绝不能证明子思曾经"唱之",而《孟子》的一段,也绝不能证明孟子曾经"和之"。㉖ 试想,如果仅仅是《中庸》和《孟子》这两条材料,荀子能明白指责"子思唱之,孟轲和之"吗?这两条材料其实只能说明在《中庸》和《孟子》中有五行说的隐微的痕迹。如果我们不弄清楚子思如何唱之,孟轲如何和之,我们对于所谓"思孟五行说",就还没有真正把握。思孟五行说的历史面目仍有待揭示出来。

庞朴后来总结其工作与思路说:"这样,借助于帛书《五行》篇的提示,我们从子思孟子书中也发现了仁义礼智圣的五行;从而反过来,可以确定帛书《五行》之篇属于思孟学派,确定荀子的批评,不是无根据的。"㉗ 但事实上,1970年代的研究只是证明孟子后学的余波有五行说,却无力证明子思如何唱之,孟轲如何和之。五行说在《中庸》《孟子》中的幽隐,这一点庞朴和其他学者也是承认的。而我们必须指出,如果《中庸》

㉖ 虽然荀子用了"幽隐"二字批评子思,但这二字绝不能解释为子思连仁义礼智圣都没有明白连用,而只在《中庸》里含糊带过。

㉗ 庞朴:《竹帛〈五行〉篇与思孟"五行"说》,载《竹帛〈五行〉篇校注及研究》,万卷楼图书有限公司,2000年,第102页。

竹帛《五行》为子思、孟子所作论

《孟子》中"五行"是如此的幽隐,那就表示我们尚未能证明子思曾唱之、孟轲曾和之。所以,学者们在 1970 年代的研究工作,其实对于"子思唱之、孟轲和之"这八个字,是尚未能予以证明的。这并不奇怪,在郭店楚简出土以前,这是难以避免的,这是历史和资料的限制。帛书《五行》充满孟子思想,而史载孟子学于子思之门人,故说帛书所见的五行说即思孟学派的五行说,是可以成立的;问题在于,我们还必须有其他的证据、其他的解释,才能使"子思唱之、孟轲和之"这一思想史的历史得以落实。

郭店楚简《五行》篇的出土为这一问题的解决提供了重要证据和契机。既然我们承认帛书《五行》篇的思想是思孟学派,现在《五行》篇的经部被证明与说部不是同时完成,经部乃成于孟子之前,而且《五行》的经部与《缁衣》同抄,这就在相当程度上证明了《五行》的经部为子思所作(或传为子思所作)。有了《五行》经部为子思所作这个结论,"子思唱之"才有了坚实的证明。难道还有比子思作《五行》经文更能佐证"子思唱之"的材料吗?因此,竹简《五行》出土后,我们不能仅仅一般地肯定子思作竹简《五行》,还必须明确地在"子思唱之"的意义上肯定竹简《五行》为子思所作。

同理,在此基础上,只有同时肯定《五行》的说文为孟子所作,才是对"孟轲和之"的最好证明。上面提到,已有的研究无不肯定帛书《五行》的说文近于孟子思想,有些文句也相同,那我们为什么不能直接设想《五行》的说文为孟子所作(至少以孟子的名义或在题名孟子的书中)?我们认为,其实没有任何文献的阻碍，妨碍我们作出说文为孟子所作这一合理的推定。问题很明白，只有肯定子思作经文，孟子作说文，才能顺理成章地坐实"子思唱之，孟轲和之"。

所以，如果竹简《五行》是子思所作，那么，很明显，荀子说的"子思唱之"，就绝不是指《中庸》而言，而必是指《五行》经部而言。换言之，以往的论证方法，用《中庸》的隐微的仁义礼智圣说去证明"子思唱之"是远远不够的。由此也可知，荀子说"孟轲和之"，也绝不是指《尽心》篇的一句，而必另有所指，用《尽心》篇的一句去证明"孟轲和之"是远不够的。既然荀子指名批评子思、孟轲，必有二人明白倡导五行说的作品为根据，换言之，荀子应看到过帛书《五行》篇的文献，而且他知道此篇乃子思唱之于经，孟轲和之于说（至少荀子看到的《五行》篇文献是这样署名的），所以他才有这样明确的批评。此一子思唱之、孟轲和之的《五行》篇，是荀子作出如此批评的主要根据（虽然不见得是唯一的根据），而他所批评的无类、无说、无解，当即指子思唱之的《五行》经部而言。

事实上，庞朴在其最早的研究中曾经提到，《五行》篇也可能出于《孟子外书》。㉘ 此说亦见于于清儒刘台拱《荀子补注》，其书云："赵岐称《孟子》有外书四篇，其文不能弘深，不与内

㉘ 庞朴在《马王堆帛书解开了思孟五行说古谜》的结尾提出帛书《五行》篇是'孟氏之儒'或'乐正氏之儒'的作品，也许竟是赵岐删掉了的《孟子外书》四篇中的某一篇"。见其《竹帛〈五行〉篇校注及研究》，万卷楼图书有限公司，2000年，第132页。

竹帛《五行》为子思、孟子所作论

篇相似。五行之说或出于此,今则不可得而闻也。"㉙ 其实,《孟子外书》所收,不见得不是孟子的著作,只是此四篇的篇名,似不能与《五行》篇相容。盖此篇单独行世,不在孟子十一篇内,或在子思子二十三篇之中,亦不无可能。

至于帛书《五行》篇说部与孟子思想的异同,也不会妨碍我们以说文为孟子所作或以孟子之名传世。《五行》说文若为孟子所作,当在孟子学于子思之门人的中年,而不是退而与万章之徒作七篇的晚年,故《五行》说文的思想和晚年七篇的思想有一定差异是可以理解的。而此篇若以孟子之名传世,则其中还可能有孟子后学的若干增饰,这也是可以想见的。㉚ 至于竹简《五行》与帛书《五行》经文之间的差异,有可能是传本的差异,不必一定是孟子后学对经文作了改编。即使是改编,也有可能是在孟子时代便已经作了改编。还有一种可能,即孟子和之于说以后,孟子后学在经文和解说两方面又作了若干调整。

㉙ 影山辉国在其 1985 年的论文中引用了此条注释。见其论文《思孟五行说》,《东京大学教养学部人文科学学科纪要》八十一辑,1985 年。按赵岐《孟子题辞》云:"又有外书四篇,性善、辩文、说孝经、为政,其文不能弘深,不与内篇相似,似非孟子本真,后世依放而托之者也。"前人断句,以性善辩、文说、孝经、为政为四篇篇名,但孝经之题名颇可疑,疑经字乃衍字,故改之如此。

㉚ 魏启鹏认为,《五行》篇与孟子有很多可以互相印证之处,但《五行》篇不是孟子后学所作,也不宜笼统视为思孟学派之作,其主要理由是二者间有精粗之别,理论思维有高低之别。见其书《〈德行〉校释》,第 105 页。李存山认为五行说部因受到五行经部文本和孟子思想两方面的限制,所以与孟子的思想有同有异。李文见《郭店楚简国际学术研讨会论文集》,第 245 页。至于五行说部与孟子书的文献比较,可参看我的另一篇论文《帛书〈五行〉篇说部思想研究:兼论〈五行〉篇说部与孟子思想》。

郭店《五行》篇的出土，在有关《五行》篇的作者和时代的问题上，给了我们新的思考的空间，使我们有可能得出比以往更为合理、更为符合历史真实的结论，也将使我们对子思和孟子的研究开展出新的局面。这就是郭店楚简《五行》出土的历史意义与重要价值。

2006 年 6 月写于麻州康桥

竹简《五行》分经解论：
《五行》章句简注

　　竹简《五行》篇，子思氏之遗书，原本28章。然详观其全篇，实可分为经、解，前14章为经，后14章为解，盖皆子思子所为作也。按典籍章次之分，古来经师各有不同。今仿朱子《大学章句》，为《五行章句》，重订其章句，以全篇为32章，上经下解各16章。经文次第不变，解文或有疑其错简者，则改之矣。

　　竹简《五行》释读，先有《郭店楚墓竹简》，后有庞朴《竹帛〈五行〉篇校注》，李零《郭店楚简校读记》最后出，故本文简文与分章，多参依李本，文中所谓原本者，皆李本也。至于章句简注，则以简易为则，以清其条理为要，不欲巧细而支离。而篇章之分合，或有与李本小异者，故于各章之末括注李本序号以参比之也。

上　经

1. 五行。仁形于内谓之德之行，不形于内谓之行。义形于内谓之德之行，不形于内谓之行。礼形于内谓之德之行，不形于内谓之行。智形于内谓之德之行，不形于内谓之行。圣形于内谓之德之行，不形于内谓之德之行。(1)

2. 德之行五和谓之德，四行和谓之善。善，人道也；德，天道也。(2)

3. 君子无中心之忧则无中心之智，无中心之智则无中心之悦，无中心之悦则不安。不安则不乐，不乐则无德。君子无中心之忧则无中心之圣，无中心之圣则无中心之悦，无中心之悦则不安。不安则不乐，不乐则无德。(2)

4. 五行皆形于内而时行之，谓之君子，士有志于君子道谓之志士。善弗为无近，德弗志不成，智弗思不得。(3)

〇五行，即仁、义、礼、智、圣。行，德行也。〇形于内，即发于中心，亦宋儒所谓"心之德"之意。不形于内，则惟是"行"也。郑玄所谓"在心为德，施之为行"，乃此意也。〇"德之行五和谓之德，四行和谓之善。"其意为：德之行五，和谓之德；行四，和谓之善。盖"德之行"与"行"为对也。〇"君子无中心之忧则无中心之圣，无中心之圣则无中心之悦，无中心之悦则不安。不安则不乐，不乐则无德。"此句据帛书本补。按经3章原本接"德，天道也"连读，今使独立成章。〇"中心"，魏启鹏云即内心也。"忧"，注家诸读似皆可疑，当近仁之端也。中心之忧、中心之悦，其忧、悦之义，盖取自经6章所引之诗。

〇以上经1章至4章，为《五行》一篇之纲领概说者也。盖子思之意，固以仁义礼智诸行为善，然以形于内而在中心者为本，以成德也。

5. 思不精不察，思不长不得，思不轻不形。不形不安，不安不乐，不乐无德。（3）

6. 不仁，思不能精，不智，思不能长。不仁不智，"未见君子"，忧心不能惙惙；"既见君子"，心不能悦；"亦既见之，亦既觏之，我心则悦"。此之谓也。不仁，思不能精，不圣，思不能轻。不仁不圣，"未见君子"，忧心不能忡忡；"既见君子"，心不能降。（4）

7. 仁之思也精，精则察，察则安，安则温，温则悦，悦则戚，戚则亲，亲则爱。爱则玉色，玉色则形，形则仁。（5）

8. 智之思也长，长则得，得则不忘，不忘则明，明则见贤人，见贤人则玉色，玉色则形，形则智。（6）

9. 圣之思也轻，轻则形，形则不忘，不忘则聪。聪则闻君子道。闻君子道则玉音，玉音则形，形则圣。（7）

〇经5章"思不精不察"至"不乐无德"，原接"智弗思不得"连读，今以之独立成章。此句乃承上章以启下章也。又，"得思不轻不"五字据帛书本补。〇用诗二，一出

《诗·召南·草虫》,一出《诗·小雅·出车》,然皆变其义而用之,以前诗喻智之明,以后诗喻圣之聪。〇"仁之思也精,精则察。""精"简本原作"清",已据帛书本改。"思",即心之所发,精察安温,皆仁心所发之端也。〇"玉色则形","玉音则形",此"形"即心之德形于外者也。

〇以上经 5 章至 9 章,论仁智圣三思三形,即心之德思所发之序,以明德之行由内发于外,以见有本者如是。

10. "淑人君子,其仪一也"。能为一,然后能为君子。君子慎其独也。(8)"瞻望弗及,泣涕如雨"。能"差池其羽",然后能至哀。君子慎其独也。(9)

11. 君子之为善也,有与始,有与终也。君子之为德也,有与始,无与终也。金声而玉振之,有德者也。(10)

12. 金声,善也;玉音,圣也。善,人道也;德,天道也。唯有德者,然后能金声而玉振之。(11)

13. 不聪不明,不明不圣,不圣不智,不智不仁,不仁不安,不安不乐,不乐无德。(11)

14. 不变不悦,不悦不戚,不戚不亲,不亲不爱,不爱不仁。(12)

15. 不直不肆,不肆不果,不果不简,不简不行,不行不义。(13)

16. 不远不敬,不敬不严,不严不尊,不尊不恭,不恭无礼。(14)

○经 10 章原本分两章，今合并一章。引诗一见于《诗·曹风·鸤鸠》，一见于《诗·邶风·燕燕》。○"一"，心之专一；"独"即心也。心者身之主宰，盖欲慎之以宰耳目手足也。"然后能至哀"后"君子"二字据帛书本补。○经 12 章"玉音"，庞朴云当作"玉振"。"圣也"，以前后善、德相对观之，当作"德也"。○经 13 章"不聪不明"至"不乐无德"，原接"金声而玉振之"连读，今则独立成章。○"不变不悦"，"变"字于义无解，庞氏、魏氏皆以或读为"恋"，疑为"眷"之意。

○以上经 10 章至 16 章，论圣、智、仁、义、礼五行之发端次序，皆明五行当根于心之所发之端，循其情思之自然而发以成行也。

下　　解

1. 未尝闻君子道，谓之不聪；未尝见贤人，谓之不明。闻君子道而不知其君子道也，谓之不圣；见贤人而不知其有德也，谓之不智。（15）

2. 见而知之，智也；闻而知之，圣也。明明，智也；赫赫，圣也。"明明在下，赫赫在上"，此之谓也。（16）

3. 闻君子道，聪也；闻而知之，圣也。圣人知天道也，知而行之，义也；行之而时，德也。见贤人，明也；见而知之，智也。知而安之，仁也；安而敬之，礼也。（17）

4. 圣知，礼乐之所由生也，五行之所和也。和则乐，乐则

有德，有德则邦家兴。文王之示也如此，"文王在上，于昭于天"，此之谓也。（17）

5. 见而知之，智也。知而安之，仁也。安而行之，义也。行而敬之，礼也。仁，义礼所由生也，四行之所和也。和则同，同则善。（18）

○"明明在下，赫赫在上"，出《诗·大雅·大明》。○"文王在上，于昭于天"，出《诗·大雅·文王》。○解4章"圣知，礼乐之所由生"至"此之谓也"，原本上接解3章连读，今则另起成章，以见条理，盖此段论五行和，下章论四行和，可相对照也。○解5章首句"见而知之，智也"，疑为衍文，盖解之3章已言之矣。

○以上解1章至5章，释经文圣智之思，亦以发经文不聪不明、不明不圣、不圣不智、不智不仁、不仁不安之意。

6. 颜色容貌温，变也。以其中心与人交，悦也。中心悦旃，迁于兄弟，戚也。戚而信之，亲也。亲而笃之，爱也。爱父其继爱人，仁也。（19）

7. 中心辩然而正行之，直也。直而遂之，肆也。肆而不畏强御，果也。不以小道害大道，简也。有大罪而大诛之，行也。贵贵其等尊贤，义也。（20）

8. 以其外心与人交，远也。远而庄之，敬也。敬而不懈，严也。严而畏之，尊也。尊而不骄，恭也。恭而博交，礼也。（21）

9. 不简不行，不匿不辩于道。有大罪而大诛之，简也；有小罪而赦之，匿也。有大罪而弗大诛，不行也。有小罪而弗赦也，不辩于道也。（22）

10. 简之为言，犹练也，大而晏者也。匿之为言，犹匿匿也，小而轸者也。简，义之方也；匿，仁之方也。强，义之方也；柔，仁之方也。"不强不絿，不刚不柔"，此之谓也。（23）

11. 大而晏者，能有取焉。小而轸者，能有取焉。胥虑虑达诸君子道，谓之贤。君子知而举之，谓之尊贤。知而事之，谓之尊贤者也。前，王公之尊贤者也；后，士之尊贤者也。（24）

○"以其中心与人交"，此中心即与人好善亲近之心。信之，诚之也。○"辩然"，于是非有所辨也。魏氏云，辩当读为辨。"有大罪而大诛之，行也"，此行字与简字意近，故下文言"有大罪而大诛之，简也"。○简，持理固执也；匿，心存宽宥也。晏，帛书作罕，少也。轸，魏氏云当读袗，多也。○"不强不絿，不刚不柔"，出《诗·商颂·长发》。○解11章原本在解12章"各止于其里"下，盖错简或抄误也。

○以上解6章至8章，释仁义礼，解9章至11章则复推明简义之意。统论之，则皆推明经12章至14章之意。然此处所解，略与经意偏重不同，盖经之意重在德行本乎内，此解则多论德行著乎外，此由德行乃兼乎内外故也。

12. 君子集大成。能进之，为君子。弗能进也，各止于其里。(24)

13. 目而知之，谓之进之。喻而知之，谓之进之。譬而知之，谓之进之。几而知之，天也。"上帝临汝，毋贰尔心"，此之谓也。(26)

14. 耳目鼻口手足六者，心之役也。心曰唯，莫敢不唯；诺，莫敢不诺；进，莫敢不进；后，莫敢不后；深，莫敢不深；浅，莫敢不浅。和则同，同则善。(25)

15. 天施诸人，天也。其人施诸人，狎也。(27)

16. 闻道而悦者，好仁者也。闻道而畏者，好义者也。闻道而恭者，好礼者也。闻道而乐者，好德者也。(28)

　　○解13章"目而知之"以下至"此之谓也"，原本在解14章"同则善"之后，疑错简也。引诗，见《诗·大雅·大明》。○进之，谓致知进德也。○狎，李零云狎与习近，犹习也。

　　○以上解12章至14章，释君子之道。其12章，乃发经文君子慎独之意，其14章乃发君子有德之意。

此《五行》章句之定，大抵以朱子为法，分别经解，次其简编。其意固非复古本之旧，亦非循汉学训诂之途，盖以求见其纲领旨趣，而知古人精神所在。此性理学之旧途径，诠释学之新伎俩，今世学者所多不措意者也。至于窃疑错简，而重次其编者，其意惟在彰显文理，以裨益初学，然在朱子亦早云"忘其固陋"

竹简《五行》分经解论:《五行》章句简注

矣,其得失利病,乃俟高明君子。①

---

① 按竹简《五行》自有解说,学界已有若干提示,如郭梨华曾在其论文小注提及:"简文当中似乎也已经包含有说解在内"(见其文《简帛〈五行〉的礼乐考述》,载《本世纪出土思想文献与中国古典哲学研究论文集》下册,辅仁大学出版社,1999年,第520页)。李存山也曾提及:"《五行》篇之经部本自有说"(见其文《从简本〈五行〉到帛书〈五行〉》,载《郭店楚简国际学术研讨会论文集》,武汉大学中国文化研究院编,湖北人民出版社,2000年,第243页)。但皆未加详论。
本文还参考了如下著作:荆门市博物馆编:《郭店楚墓竹简》,文物出版社,1998年。庞朴:《竹帛〈五行〉篇校注及研究》,万卷楼图书有限公司,2000年。李零:《郭店楚简校读记》,北京大学出版社,2002年。魏启鹏:《〈德行〉校释》,巴蜀书社,1991年。朱熹:《四书章句集注》,中华书局,1984年。

竹简《五行》与子思思想研究

郭店楚简公布后，学者立即发现，其中的《五行》篇正是马王堆帛书《五行》篇的"经"的部分，而其中并无帛书《五行》篇"说"的部分。竹简《五行》全篇约1200字，篇首有"五行"二字，学者大都认为这是此篇的篇名。与帛书《五行》相比，竹简《五行》有经而无说，针对这点，庞朴提出，《五行》篇早先是本来没有解说的部分，帛书中所见的"说"的部分是后来缀上去的。① 他还提出："1973年马王堆三号汉墓出土一批帛书，其中一篇定名为五行。此前的研究多半认为，帛书此篇之'经''说'两个部分，乃作者有心安排且一次完成了的上下篇。由于其'说'文中杂有《孟子》术语，因而又多推定其成书年代当在《孟子》以后或同时。至于书中所表达的思想

---

① 庞朴：《竹帛〈五行〉篇与思孟"五行"说》，载《竹帛〈五行〉篇校注及研究》，万卷楼图书有限公司，2000年，第103页。

观点，无疑为荀子在《非十二子》中所指责的'思孟五行说'。"
"竹本《五行》入葬于公元前300年左右，成书年代自当更早，其为孟子以前作品无疑。荀子批评子思、孟轲编造'五行'，则此篇既早于孟子，其为子思或子思弟子所作，或大有可能。"②
更多学者则直接肯定竹简《五行》为子思之作，饶宗颐说："现在郭店简亦出现与此（帛书《五行》）文字相同的简册，在竹简开头标记着'五行'二字，大家无异议地承认它正是子思的作品。"③李学勤最先提出郭店儒简为《子思子》，对于此篇，他说："《五行》的经文部分，据《荀子·非十二子》亦出于子思。"④姜广辉也主张："《五行》篇过去人们多认为是'子思孟轲学派的门徒'之作……郭店楚简的写作年代早于孟子，它应该是子思作品，当无疑义。"⑤

本文以竹简《五行》篇为子思所作为前提，从内在性、超越性和政治解读入手，试图对竹简《五行》作为子思的思想提出一些新的认识和分析，并对圣智说在子思哲学思想的意义及地位作一探讨。⑥

竹简《五行》篇全篇文字，从内容上分析，可分为五个部分，一为概论五行和善德，二为论圣智仁之思，三为论聪明圣

---

② 庞朴：《竹帛〈五行〉篇校注及研究》引言，万卷楼图书有限公司，2000年。
③ 饶宗颐：《从郭店楚简谈古代乐教》，《郭店楚简国际学术研讨会论文集》，武汉大学中国文化研究院编，湖北人民出版社，2000年，第3页。
④ 李学勤：《郭店楚简〈六德〉的文献学意义》，载同上书，第18页。
⑤ 姜广辉：《郭店楚简与原典儒学》，《郭店简与儒学研究》，《中国哲学》第二十一辑，辽宁教育出版社，2000年，第270页。
⑥ 《五行》篇已有研究，可参看影山辉国《〈五行〉篇研究论著目录》（修订版），简帛研究网，2001-4-13。

智,四为论仁义礼端绪,五为论心与慎独。以下我们先来逐一进行分析,然后加以综合的讨论。

一　论五行、善、德

《五行》篇一开始,在第1章就提出了"德之行"和"行"的区分:

> 仁形于内谓之德之行,不形于内谓之行。义形于内谓之德之行,不形于内谓之行。礼形于内谓之德之行,不形于内谓之行。智形于内谓之德之行,不形于内谓之行。圣形于内谓之德之行,不形于内谓之(德之)行。(1章)[7]

从古代文字的用法来看,"形"一般是指向外发显的动向,如形于外(《礼记·大学》)、形于色(《公羊传·桓公》)、形于声、形于动静(《礼记·乐记》)、发形于外(《礼记·文王世子》)、兆形于民心(《管子·君臣下》)等。所以,形于某,即朝向某的方向的一种形著动向。而"仁形于内",在这个意义上,这里的"形于内"似乎是"向内"的一种动向。在这种理解下,"仁形于内"就是指"仁"的德行内化为德性;"仁不形于内"是指"仁"之德行尚未内化为德性,仅仅作为仁的行为呈现。但是,这样的理解等于说,德性是由行为自外向内而化成。这与此篇

---

[7] 为方便起见,本文所引竹简《五行》篇文字及章数,取自李零《郭店楚简校读记》增订本(北京大学出版社,2002年),错漏字则据《郭店楚墓竹简》补改。

强调仁之思动于内而发于外的观点正好相反。所以，这里的"仁形于内"，应是指"形自于内"或"形动于内"。古书亦有此种用例，如"戒心形于内，则容貌动于外"（《管子·君臣下》），"好恶形于心"（《管子·立政》），以及郭店楚简"形于中，发于色"（《尊德义》）。这里的"形"即是动，"形于"二字后面的心不是指形著的动向和结果，而是指发动的场所和起点。因此，"形于内谓之德之行"，实际是说仁自内发动而形于外，才是德之行，才是由德性发出的德行。用后面的话来说，仁形于内，就是指"仁之思也精……形于仁"的这一过程。可见，《五行》所提出的"形于内谓之德之行"和"不形于内谓之行"，实际上是用"德之行"和"行"来区别发自德性的行为和一般的德行。在这个意义上，德即德性，德性即人的内在的品性、品质；德之行是发自德性的道德行为，行在这里则泛指合乎道德原则的行为。

　　在古代中国思想中，孔子以前都使用"德行"的观念，有时简称为德。古代"德行"的观念不区分内在和外在，笼统地兼指道德品质和道德行为，重点在道德行为。以往认为，到了汉代，才明确把德和行进行区分，如郑玄《周礼注》所谓"在心为德，施之为行"。但竹简《五行》的作者已经认识到，一个人做了一件合乎仁的道德行为，却并不等于这个人就是一个具有仁的德性的人。竹简《五行》所强调的是，人不仅要在行为上符合仁义礼智圣，更要使行为真正发自作为自己内在德性的仁义礼智，这样的人才是真正的君子。所以，竹简《五行》的开篇主题是对于"德"的内在性的强调，其注意力主要不在道德行为，而在道德德性。行为是外在的，德性是内在的，只有具有了内在的德性，道德行为才有稳定的基础和保障。所以，德一定和内心有关，否则只是行为而已。按照这个说法，仁义礼智圣发形于内，就是五种"德之行"，而如果仁义礼智不发形于内，就只是四种"行"。仁义礼智四种"行"当然是善的，而"德之行"是更重要的。所以，这里"德之行"和"行"的区分，并不表示"行"是否定的，而是说在肯定"行"为善的基础上，强调"德之行"更为重要。由此可见，所谓"五行"，在直接意义上就是指仁、义、礼、智、圣五种德行。德行的自内而形于外，是《五行》篇的主题。⑧

上面我们说"仁义礼智圣形于内，就是五种'德之行'，而如果仁义礼智不形于内，就只是四种'行'"，为什么我们不说"如果仁义礼智圣不形于内，就只是五种'行'"呢？问题就在于竹简的文本和帛书的文本在上面开篇一段的最后一句上有所差别。竹简作"圣形于内谓之德之行，不形于内谓之（德之）行"。与前四项仁义礼智"形于内谓之德之行，不形于内谓之行"不一致。而帛书这一句作"圣形于内谓之德之行，不形于内谓之行"，与前四项仁义礼智一致。目前已有的研究都认为帛本脱落了"德之"二字，应当据简本补足。依照简本的这一句，对于圣而言，形于内是德之行，不形于内也是德之行，即不论形于内或不形于内，都是德之行。也就是说，对于圣，没有德

---

⑧ 按以"形于内"论德，古籍有之，如《淮南子·要略》"德形于内，治之大本"。黄俊杰认为"形于内"的"形"字应作内省的呈现解，见其文《马王堆帛书〈五行篇〉"形于内"的意涵》，载氏著《孟学思想史论》卷一，东大图书公司，1991年。

性和德行的分别。这种讲法有何意义？似表示圣是一卓越的能力，而不是内心的品质，但这与后面圣之思的说法不合。所以这个问题还值得研究。我们现在只能说，在这种讲法之下，形于内而成为"德之行"者有五（仁义礼智圣），不形于内而仅作为"行"者有四（仁义礼智）；这种分别，合于下文中"五行"和"四行"的分别。假如我们认为帛书文本是对的，而简本的"德之"二字是衍字，那么，在德行与德性的分别上五者可得一致；但这样一来就有五种"德之行"，有五种"行"，这又如何解释下面"四行"的说法呢？因此，我们仍取目前多数学者的说法，认为在这一句上，竹简的文字是完整的。

在开篇提出德之行和行的区分后，竹简《五行》接着在第2章和第3章分别提出：

德之行五和谓之德，四行和谓之善。善，人道也；德，天道也。（2章）

五行皆形于内而时行之，谓之君子，士有志于君子道谓之志士。善弗为无近，德弗志不成，智弗思不得。（3章）

"德之行"与"行"相对，故此句应理解为"德之行五，和谓之德；行四，和谓之善"[9]。是说此"德之行"五者若能调和达到和谐，则成为"德"。"行"之四者若能协调配合，则成为"善"。这实际是说，道德行为是善，完成了道德行为就完成了

---

[9] 魏启鹏以为此句"德之行五"乃"德之五行"倒文，其说非似是。见氏著《〈德行〉校释》，巴蜀书社，1991年，第2页。

善。但是，完成了道德行为只是成善，还不是成德。只有五行作为内在的德性，并且和谐配合，发形于外，才是成德。所以，这里的重要区别不是五和四的数量差别，而是外在行为和内在德性的差别。"善"只表示道德行为的完成，"德"才表示德性的完满。在这里，德是比善更为高阶的概念，德代表更高的道德境界或精神境界。从哲学上说，竹简《五行》的这种说法，表明其作者要求把"德"理解为内在性，在伦理学的意义上把内心和行为区分开来。

竹简《五行》篇根据五行说界定"君子"，很明显，这里所说的"五行"就是仁义礼智圣五者，所谓"君子"就是仁义礼智圣五者都形于内，而且时时践行五者的人。也就是说，内心具备仁义礼智圣五种德性，而且常常实践仁义礼智圣的行为的人，是君子。仅仅四行成善，善行不是发自德性，就还不能成为君子。有志于成为君子的人是士，士就是以"君子"为理想人格和实践标准的人。那么，德性是不是天赋的呢？照此篇的表达，并没有说明究竟德形于内是自然的禀赋，还是君子修身的结果，究竟内在德性是养成的，还是天赋的。这样的问题意识似乎还没有真正进入作者的注视范围。

此篇的德行论在上面的概念表达中已经清楚地说明了。但在上面定义了德行论意义上的德与善的分别后，作者突然声明："善，人道也；德，天道也。"这就把伦理学的德行论论述在没有任何中介的情况下转变为天道论的论述，这不能不说是有点突兀。善和德的这种天人分别，在后文第10—11章中再次被强调：

君子之为善也，有与始，有与终也。君子之为德也，有与始，无与终也。金声而玉振之，有德者也。金声，善也；玉振，圣也。善，人道也；德，天道也。唯有德者，然后能金声而玉振之。（10—11章）⑩

这也是说，"为善"与"为德"是不同的，"为善"是有始有终的，"为德"是有始无终的，"为德"是比"为善"更高的阶段。这是因为"为善"是指行为，一个身体的行为是有始有终的；而"为德"是心功，内在德性的培雍是无止境的。作者用金声玉振来比喻，金声相当于为善，玉振相当于为德；只有为德的人即有德者，才能金声而玉振之，也就是既能为善又能为德。由于金声具有起点的意义，玉振具有终点的意义，因此，在这个说法中，"圣"作为终点的地位就不同于仁义礼智了。

就是在这样的脉络中，作者再次重复声明："善，人道也；德，天道也。"那么，怎么理解这个说法呢？照文中所说，德之所以为天道的陈述有二：一个是德之行五和谓之德，一个是有始无终、金声玉振为有德。为什么这样的德是天道呢？有学者把"德，天道也"解释为德性是天道所赋予，天道得之在人，其实这样的解释并没有文献的根据。⑪ 从竹简本文来看，"善，人道也"，是指善是人的行为的评价原则，所以是属于人类社会

---

⑩ 此处"玉振，圣也"原文为"玉音，圣也"。按庞朴说："帛本'王言'、竹本'玉音'，疑皆应作'玉振'。"（《竹帛〈五行〉篇校注》，载《竹帛〈五行〉篇校注及研究》，万卷楼图书有限公司，2000年，第44页）今据庞朴说改。

⑪ 参看庞朴《帛书〈五行〉篇评述》，《竹帛〈五行〉篇校注及研究》，万卷楼图书有限公司，2000年，第159页。

的原则，是人之道，而不是自然的法则，当然也不是宇宙的原理。"德，天道也"，应当是指，有始无终是天道的属性；五行形于内而协和，体现了天道的和谐；圣人知天道，故行动可合顺于天道。⑫ 所以这里的"德，天道也"，是说德合于天道，而不是说德得自天道。但无论如何，"德，天道也"的说法，把天道和人道相分，表现出作者既注重从"形于内"的内在性理解"德"，也注重从"天道"来强调"德"的普遍性、超越性的意义。或者说，"德"是既内在又超越的。由于"德"合于天道，故而高于只是人道的"善"。只是，在竹简《五行》这里，内在性还未达到《孟子》"性善"的观念，超越性也还未达到《中庸》"天命"的观念，但《五行》作者对"德"的超越性的面向已经有了明确的肯定，为《中庸》的进一步发展准备了基础。

　　此篇在主题上是德行论的，因此，我们必须从德行论的发展来看此篇的意义。西周以来的德目表虽然很多，但大多指德行而言，德性的观念不明朗。换言之，"德"的观念没有内在化。从而，性善的观念也无法形成。而本篇的主旨，可用孟子的话来表达，即强调"仁义礼智根于心"，仁义礼智若不根于心，就不能成为"德"。这种德根于心的思想再向前发展，就会得出"德者，性之端也"（《礼记·乐记》）的观念，最后引导出性善论。

---

　　⑫ 照帛书说部的讲法，"德，天道也；天道也者，己有弗为而美者也"，就是说，所谓"德，天道也"是指有德者自己有德而不自以为美，这合于天道的特点。另外，郭店楚简《成之闻之》中说："圣人天德盍？言慎求之于己，而可以至顺天常矣。"

二 论仁、智、圣之思

竹简《五行》的一个思想特色是,用"思"来把握德行发生的内在机制,这是很少见的。[13] 正如我们在上面看到的,竹简《五行》的作者在论述了德之行与行的区别、善和德的区别之后,立即提出"善弗为无近,德弗志不成,智弗思不得"。善是行为的属性,德是心志的状态,所以要达到善必须在行为上努力;要达到德,必须在内心立志。这两点可以说是开篇德行论的延续。

正在这里,作者话题一转,提出"智不思不得",把问题转到"思"的讨论上来:

> 思不精不察,思不长不得,思不轻不形。不形不安,不安不乐,不乐无德。
>
> 不仁,思不能精,不智,思不能长。不仁不智,"未见君子,忧心不能惙惙";"既见君子",心不能悦;"亦既见之",亦既觏之,我心则悦"。此之谓也。
>
> 不仁,思不能精,不圣,思不能轻,不仁不圣,"未见君子",忧心不能忡忡;"既见君子",心不能降。(4章)

作者首先提出三个命题"思不精不察,思不长不得,思不轻不

---

[13] 《荀子·解蔽》言"仁者之思也恭,圣人之思也乐"。但与《五行》所说不同,《五行》所说更为原始。

形",然后加以展开。这里所说的不形不安,形应是指形于内。安、乐、德都是指内心而言。"思不精不察",如何使思能精?仁才能使思精,不仁,则思不能精。这里的仁是指仁之思。思不长不得;如何使思能长?智才能使思长,不智则思不能长。这里的智是指智之思。"思不轻不形",如何使思能轻?圣才能使思轻,不圣则思不能轻。这里的圣指圣之思。这就把仁智圣三者突出起来,来讨论"思"对成德的意义。

从作者的论述看,"不仁,思不能精,不智,思不能长","不仁,思不能精,不圣,思不能轻",两次重复"不仁,思不能精"是把仁与圣智相对,把仁作为圣智的基础和前提,即不仁不智,不仁不圣。只是作者在此篇中并未论证为何不仁则不智,不仁则不圣。值得注意的是,仁智圣三者在这里都是指某种"思"的属性而言,表现出作者从内心的深微处来考察"德"的努力。同时也显示出,在这一段里,作者把"圣""智"二行作为一对紧密连接的范畴,是以"仁"为基础的。

作者于是在第5—7章细致论述了仁之思、智之思、圣之思从内发到形外的过程:

仁之思也精,精则察,察则安,安则温,温则悦,悦则戚,戚则亲,亲则爱。爱则玉色,玉色则形,形则仁。(5章)

智之思也长,长则得,得则不忘,不忘则明,明则见贤人,见贤人则玉色,玉色则形,形则智。(6章)

圣之思也轻,轻则形,形则不忘,不忘则聪。聪则闻君

子之道。闻君子道则玉音，玉音则形，形则圣。(7章)

这里所说形则仁、形则智、形则圣的"形"应当指形于外的形，实际上就是篇首所说的"形于内"的具体化。在作者看来，仁、智、圣各自代表一种思的类型或属性，这里的思并不是单纯的思考，而包括内心的种种活动状态和活动趋向。而每一种思，用《中庸》未发到已发的说法，都经历了一个包含许多阶段的发作的过程。经历了一个从德到行的心理展开和外化的过程。

就仁之思来说，其最原初的意向状态是精察，这应当是指一种细微的体察对方的意识活动趋向，这种最原初的精察在"发"的过程中，经历了一系列的阶段，如安、温、悦、戚、亲、爱。这个过程的关键是达到"悦"，⑭ 而最后达到"爱"的意识状态时，仁的意识就从内在的德性心发作完了。爱的意识感情发作出来，就会同时表现于外在的容貌颜色，形成所谓玉色，"玉色则形，形则仁"，表示"仁之思"形而为仁之容色。从"仁之思也精"到"形则仁"，这是一个内在德性外发的全部过程。作者显然是强调，只有从内在的德性出发，才能发出玉色，外化为行为表现，表现了作者对内在性的重视。如果我们从最后的"形则仁"往前推，那么，就可以说，"仁之思也精"是仁的德行在内心的最初发端。这种发端不是用情的观念来表达，而是用思的观念来表达，这是竹简《五行》与孟子的不同，但也可以说竹简《五行》启发了孟子。

就智之思来说，其原初的意向状态是长，长是长远，长则

---

⑭ 因为后文说"不变不悦，不悦不戚，不戚不亲，不亲不爱"。

得，得是有所得。虽然长和得的意义还有待研究，但无疑地，"智之思"的发，最重要的是发而为"明"。明本是就视觉而言，与见相关，但智之思的明不是对物（如颜色）的明辨，而是对人的识见。"明则见贤人"，这里的见不仅是看见，而且是认识、认知，换言之，"明"是指看见贤人而知道这是贤人。知道是贤人而表现在容色上就是玉色。玉色是对贤人仰慕的一种温和的容色。所以智之思的完全发作是达到明，明表现于外在的容貌，就形成所谓玉色。⑮

就圣之思来说，其原初的意向状态（这里的"意向状态"一词是借用罗蒂的用法）是轻，轻本是指声音的轻细而言，圣就是对声音有敏感的听觉的人，圣表示对再轻细的声音也能听到。因此，圣之思最关键的是发而为"聪"，但这里的聪不是一般的听觉，而是闻知君子之道。换言之，聪是听到君子的话而且知道这是君子之道。⑯聪表现于外，就是玉音，玉音在这里是指对君子之道的一种仰慕的声音。所以，圣之思的完全发作是达到聪，聪表现在外在的音容，就形成所谓玉音。

上述这一套讲法，我们称之为"三思三形"，在作者对三思三形的表达中，其所着重的是，一个德行得以实现的心理展开过程及其外在体现，它所强调的是内在道德意识的发端对德行实现的根本性和原初性。这在以下的论述中（12—18章）又分别从圣智和仁义礼两方面再次加以表述而充分体现出来。

---

⑮ 《孟子·尽心上》："仁义礼智根于心，其生色也，睟然见于面。"可谓即《五行》三思三形之意。

⑯ 从玉色和玉音的说法可知，这里的见和明已经包含了后面所说的见而知之与闻而知之的意义。

在第4章论述三思三形的开始，作者曾说"思不轻不形。不形不安，不安不乐，不乐无德"。事实上，在此篇开始的第2章里也已说过："君子无中心之忧则无中心之智，无中心之智则无中心之悦，无中心之悦则不安。不安则不乐，不乐则无德。"可见安—乐—德，是作者很重视的一种推演逻辑，这应当表示，一方面，安、乐都是内心的感受状态或心境，也是精神境界，因此，强调"德"始终是与安乐等稳定的内心状态连结在一起，这种提法表现出作者兼重道德意识与情感体验的特点。另一方面，德的形成，一定与安和乐的心理感受相联系，因为德与善不同，善是就外在行为而言，德是就内在德性而言，而在竹简《五行》的作者看来，德性和内心的活动状态是联结一体的，故总是试图用内心的某种活动状态来表达其德性内在的观念。可以说，竹简《五行》的作者对心性不作分别，凡孟子后来用"性"来表达的思想，竹简《五行》往往都用心的性态来作说明。然而，虽然竹简《五行》作者还没有想到用人性的观念来表达德性内在的思想，但这可以说为孟子的性善说准备了基础。事实上，《性自命出》已经把亲追溯到爱，把爱追溯到性，以情生于性。《孟子·尽心上》"仁义礼智根于心，其生色也，睟然见于面"，与竹简《五行》篇这里的思想是一致的。

三 论聪明、闻见、圣智

竹简《五行》另一个明显的特点，是对于圣、智的突出和强调。虽然，《五行》篇开篇对五行的叙述次序是仁义礼智圣，但有学者指出，就重要性而言，圣为首，智次之。在三思中的叙述次序是仁、智、圣，就重要性而言，则可序为圣、智、仁。⑰ 虽然我们不必赞成此说，但圣智在文中具有如此显眼的地位，在先秦文献中是仅有的。《五行》篇对于圣、智的重视这一点，不仅在上面所论三思三形中已有所表现，更在15—18章中具体表达出来：

> 未尝闻君子道，谓之不聪；未尝见贤人，谓之不明。闻君子道而不知其君子道也，谓之不圣；见贤人而不知其有德也，谓之不智。（15章）
> 见而知之，智也；闻而知之，圣也。明明，智也；赫赫，圣也。"明明在下，赫赫在上"，此之谓也。（16章）⑱

聪明和圣智是密切联结的。聪是圣的基础，圣是聪的发展；明是智的基础，智是明的发展。聪还不是圣，但可以发展为圣；明还不是智，但可以发展为智。在作者的定义中，聪不是一般的闻声而知，聪是闻君子之道，如果未尝闻君子道，那就是不聪；明是见贤人，如果未尝见贤人，那就是不明。⑲ 见闻是经验，没有经验就没有聪明；但仅有经验也不够，还要能进行判

---

⑰ 如李存山指出，仁义虽排在前面，但最后的圣是最重要的，倒数第二的智次之。见其文《从简本〈五行〉到帛书〈五行〉》，载《郭店楚简国际学术研讨会论文集》，武汉大学中国文化研究院编，湖北人民出版社，2000年，第240页。
⑱ 16章未尝不可以看作是对15章的解说。
⑲ 《说苑·尊贤》："夫智不足以见贤，无可奈何矣。"战国时代"智"的内涵主要是见贤知贤。

断,要有理性的认识,这样才能达到圣智。

如何由聪明发展为圣智呢?见贤人是明,见贤人而且知其有德,这是智。闻君子道是聪,闻君子道而知其为君子道,这才是圣。所以,闻君子道只是聪,闻而知之,才是圣;见贤人只是明,见而知之才是智。无论是聪或明,都要加上知,才能提高为圣和智。这表示聪明的感觉能力和经验之外,必须加上理性认知,才能上升到更高的认识水平。所以,在接下来的17—18章中说:

> 闻君子道,聪也;闻而知之,圣也。圣人知天道也,知而行之,义也;行之而时,德也。见贤人,明也;见而知之,智也。知而安之,仁也;安而敬之,礼也。(17章)

在这里的叙述中,不仅说明了什么是聪明,什么是圣智,而且表达出一种论述的逻辑,即,圣可以延展到义(和德),[20] 智可以延展到仁和礼,从而圣智成为仁义礼的根源。从这里也明显可以看出,在竹简《五行》中,圣智是一组,仁义礼是一组。在这一段的表述里圣智对于仁义礼具有至少是逻辑上的优先性。[21] 至于竹简《五行》何以突出圣智,这需要从本文后节的政治解读中来加以说明。圣人知天道也,这句话的意义是指知天道是圣的最高境界,也是闻而知之的最高境界,而所谓知天

---

[20] "行之而时,德也",参以前面所说"五行皆形于内而时行之,谓之君子",似不全面,若不形于内,只是时行之,应该说还不能成为德。

[21] 庞朴认为,竹简《五行》先谈圣智,把最重要的放在最前面。见其文《竹帛〈五行〉篇比较》,载《竹帛〈五行〉篇校注及研究》,第92页。

道是指知天道的运行和变化。另外，表面上，从竹简《五行》开篇叙述来看，仁义礼智圣的"智"和仁义礼智信的"智"似乎没什么区别，其实不然，在竹简《五行》中，智与圣是一组相联的观念，而不是与仁义礼相联结为一体的观念。

正是在这个意义上，作者接着指出：

> 圣知，礼乐之所由生也，五行之所和也。和则乐，乐则有德，有德则邦家兴。文王之示也如此，"文王在上，于昭于天"，此之谓也。（17章）
>
> 见而知之，智也。知而安之，仁也。安而行之，义也。行而敬之，礼也。仁，义礼所由生也，四行之所和也。和则同，同则善。（18章）

在第17章，圣知的知即智，圣智是礼乐得以产生的根源，故说圣智是礼乐所由生也。（这一段"圣知"至"此之谓也"似是对上引"闻君子道，聪也……德也"的发挥）第18章则更有甚者，离开圣而单独论智（似是对上引"见贤人，明也……礼也"的发挥），认为智不仅像上面说的可以延伸出仁和礼，也可以延伸出义。从而，智自身便成为仁义礼的根源。但其最后一句不说"智，仁义礼所由生也"，却说"仁，义礼所由生也"，所以，这一章是有点奇怪的。② 而且，这一段不提"圣"，应是讲"四行"的，但却不说"仁，义礼智所由生也"，结尾的结论中把

---

② 或者18章首句"见而知之，智也"为衍文，因为17章中已经谈过"见而知之，智也"了。这种可能应当也不能排除。

"智"丢掉了，这也是不合理的。无论如何，在此篇的论述中，安之为仁，行之为义，敬之为礼。圣（智）可引申到安之、行之、敬之；只要引申到安之、行之、敬之，就引出了仁义礼。从而使得圣（智）成为其他几行得以引出的根源性要素。㉓ 在第11章，还有这样的说法：

> 不聪不明，不明不圣，不圣不智，不智不仁，不仁不安，不安不乐，不乐无德。（11章）

这既是以否定的形式说明聪明是圣智的前提，也是把圣智作为仁、安、乐、德的根据。竹简《五行》这一段对圣智的这种强调，不仅是先秦儒家其他派别少有的，也是先秦其他各家少有的。

不仅如此，圣（智）还是五行之所和，就是说五行和的要素是圣（智），有了圣（智）才能五行和合协美，以成就为有德者。"有德则邦家兴"显示出，德并不是仅具有个人成德的意义，更具有使国家兴盛的效果。在这个意义上，成德是邦家兴的根本，邦家兴是成德的固有目标。在五行（五种"德之行"）中圣（智）是其他各行的根源，也是五行和的根据。

在四行（四种"行"）中，仁是四行和的根据。所谓"和则同，同则善"，这与前面开篇所说的"四行和谓之善"是一致的，四行是指行为的层次，但四行中不是各行同等重要，其中仁是善的完成的主导和根据。

㉓ 这与前面所说的不仁不智、不仁不圣，在说法上是不一致的。

总之，为了呼应开篇所说的"五行和"与"四行和"，作者在这里指出"五行和"的要素是圣（智），"四行和"的要素是仁。这可以解释为什么作者在三思三形中只谈"仁圣智"三者的缘由。

四 论仁、义、礼之端绪与发作

竹简《五行》第12—14章，首先简明论述了仁义礼的心理展开过程，然后在第19—21章对第12—14章的说法——加以解说。先来看第12—14章：

> 不变不悦，不悦不戚，不戚不亲，不亲不爱，不爱不仁。（12章）
> 不直不肆，不肆不果，不果不简，不简不行，不行不义。（13章）
> 不远不敬，不敬不严，不严不尊，不尊不恭，不恭无礼。（14章）

与第5章"仁之思也精，精则察，察则安，安则温，温则悦，悦则戚，戚则亲，亲则爱。爱则玉色"相比，第12章采取的是否定式论述，如正面地说，悦则戚，戚则亲，亲则爱，爱则仁；反面地说，则不悦不戚，不戚不亲，不亲不爱，不爱不仁。因此，就仁这一行而言，第12章与前面论三思三形中对仁之思的讲法完全一致。第13章与14章对义和礼的论述，则是在论三

思三形中没有涉及的。㉔

正如先秦文献往往同一篇文章中有经有传一样，第19—21章明显地是第12—14章的传解。所以对仁义礼三行，我们必须结合第12—14章与第19—21章的解说来一并讨论。

> 颜色容貌温，变也。以其中心与人交，悦也。中心悦旃，迁于兄弟，戚也。戚而信之，亲也。亲而笃之，爱也。爱父其继爱人，仁也。(19章)
>
> 中心辩然而正行之，直也。直而遂之，肆也。肆而不畏强御，果也。不以小道害大道，简也。有大罪而大诛之，行也。贵贵其等尊贤，义也。(20章)㉕
>
> 以其外心与人交，远也。远而庄之，敬也。敬而不懈，严也。严而畏之，尊也。尊而不骄，恭也。恭而博交，礼也。(21章)

很明显，第19章是逐句解说第12章中的变、悦、戚、亲、爱、仁。第20章是逐句解说第13章中的直、肆、果、简、行、义。第21章是逐句解说第14章的远、敬、严、尊、恭、礼。第19—21章究竟是作者统一设计下的解说，还是作者后学的解说，还很难确定，我倾向于认为同出于作者子思。比如，颜色容貌温，这在三思三形中属于形于外者，不是内在的发端。而

㉔ 在义的论述中，不直不肆，与《老子》"直而不肆"的说法相对应，表明这类成对的德行概念在战国前期已经趋向固定。

㉕ 《大戴礼记·小辨》："小辨破言，小言破义，小义破道；道小不通，通道必简。"与这里的"不以小道害大道，简也"，似有关联。

照"不变不悦，不悦不戚，不戚不亲，不亲不爱，不爱不仁"的表达，变应当是在悦之前，相当于"仁之思"初始阶段的精察安温的心理活动趋向，很可能略当于温。但"仁之思"的温不是颜色外貌，而是一种思之发动。所以这里所谓"颜色容貌温变也"，应当是说颜色容貌温出于内心之变。不过，除了颜色容貌这一句之外，其他的解说还是较为合理的。特别是从内心活动来理解、定义仁义礼，奠定了孟子思想的基础。所以，这几章对仁义礼的讲法，实际上是从内心发作的端绪到发作完成的自然过程，这可以说为孟子的"四端"说的思想方法奠定了基础。特别是仁之一行之端，悦、戚、亲、爱，可以说都是情，这与孟子以"恻隐"论仁之端，只有一步之遥。而"不远不敬，不敬不严，不严不尊，不尊不恭，不恭无礼"，也已经接近孟子所谓"恭敬之心，礼之端也"。㉕

与圣智近于"理智德性"相比，仁义礼近于所谓"实践德性"，这也许是《五行》作者将仁义礼单独讨论的原因。在这里提出了"仁"和"礼"作为内心活动的一个重要的心理差别，即，仁是发端于"以其中心与人交"；礼则发端于"以其外心与人交"。"中心与人交"是一种亲近的好悦的心情，"外心与人交"是一种保持距离的敬畏的心情。仁之行和礼之行都是由它们各自的内心发端而扩展开来的。"义"也发端于"中心辩然"，即对是非的选择，义是确定其选择而正行之。这些从心之活动

㉕ 池田知久亦以端绪解释五行之发，但同时用孟子"扩充"的观念予以解释，这是因为他以帛书《五行》说部的观念为主。其实竹简《五行》篇中并没有扩充的观念，实指其发作的自然过程。见氏著《马王堆汉墓帛书五行篇研究》，汲古书院，1993年，第90页。

来说明仁义礼德行的方式，说明此篇的主题是"心"，显示出注重心之德的德行思想。

但与本篇前半部论"三思三形"以及"不变不悦""不直不肆""不远不敬"注重"德行"的内在性根源不同，这里对仁义礼的解说，更多地从"德行"的对象、状态、原则着眼。因为，作为"五行论"，不仅要指出五行的内在根源，而且要说明五行的行为特征。如，仁不仅在感情上是爱的一种体现，而且仁在对象上是超越血缘的。这就从对象上把爱和仁的区别宣示了出来。

在这部分论仁义礼的文字中，唯有第 20 章解说"义"的论述，没有诉诸内心的活动及其各阶段，而直接从行为，即从"行"而不是从"德"着眼的。此章的讨论以"简"和"尊贤"为重点，更联结了 22、23 两章对"简"的进一步解说，和第 24 章对"尊贤"的发挥，使仁义礼的讨论，在结构上显得更不均衡。其原因也是这些讨论集中于政治德行。这几章的解说如下：

> 不简不行，不匿不辩于道。有大罪而大诛之，简也；有小罪而赦之，匿也。有大罪而弗大诛，不行也。有小罪而弗赦也，不辩于道也。（22 章）
>
> 简之为言，犹练也，大而晏者也。匿之为言，犹匿匿也，小而轸者也。简，义之方也；匿，仁之方也。强，义之方也；柔，仁之方也。"不强不絿，不刚不柔"，此之谓也。（23 章）

> 大而晏者,能有取焉。小而轸者,能有取焉。胥虑虑(士而志)达诸君子道,谓之贤。君子知而举之,谓之尊贤。知而事之,谓之尊贤者也。前,王公之尊贤者也;后,士之尊贤者也。(24章)[27]

这几章的论述都不是从心着眼,而是直接就行为加以辨析。这些关于义的讨论,都是关乎所谓"刑政",而与"礼乐"不同。由此我们也可以了解,礼乐更多与"心"相关,政刑则主要关注"行"。因此,与"德之行"不同,"行"的意义不仅是个人的道德行为,更包括了政治管理行为。如有大罪而大诛,这是"简",也是"行"(此"行"作为一特定德行的意义颇费解,尚待研究),是正确的;有小罪而宽赦,这是"匿",也是正确的。前者是义,后者是仁,前者是强,后者是柔,它们分别适合所对应的政治情形。能简能匿,能兼掌握大问题上的原则性和小问题上的可变性,是所谓贤人的能力之一方面。可见,这里的贤人是偏重其政治能力,而不是其道德水平而言的,而仁义在这里也都明显具有政治实践上的意义。这说明,《五行》篇对德行的讨论,道德意义和政治意义是联系在一起的。

五 论心与慎独

现在我们来讨论此篇关于君子修身的提法。在这方面,竹

---

[27] 《孟子·万章下》亦言:"士之尊贤者也,非王公之尊贤也。"

简《五行》很重视"进之",这是以前我们研究早期儒家所不了解的。篇中在最后部分说:

君子集大成。能进之,为君子。弗能进也,各止于其里。(24章)

目而知之,谓之进之。喻而知之,谓之进之。譬而知之,谓之进之。几而知之,天也。"上帝临汝,毋贰尔心",此之谓也。(26章)

能进之,则为君子,进之即《易传》所说的进德和《大学》所说的致知,表示道德和知识的进步与提升。不能进之,则停止于各自原来的水平。第26章是对第24章"进之"说法的发挥和解说,在其解说中,强调各种"知之",虽然没有"闻而知之"和"见而知之"说法,但"见而知之"和"目而知之"意同。无论如何,作者强调"目而知之"等,都是注重从经验知识和理性推理来致知,这种对"进之"的阐发,与本篇前面对见而知之、闻而知之的重视一样,体现了注重外来经验和理性认识的特点。这是与孟子有所不同的。

在第25章作者还特别论述了心和五官四肢的作用:

耳目鼻口手足六者,心之役也。心曰唯,莫敢不唯;诺,莫敢不诺;进,莫敢不进;后,莫敢不后;深,莫敢不深;浅,莫敢不浅。和则同,同则善。(25章)

这是说，耳目口鼻手足都受心的支配，受心的役使，接受心的指令，莫敢违背心的决定和指挥。不过，这里最后的一句"和则同，同则善"颇为突兀，可能作者的意思是，耳听目视口说鼻嗅手执足奔，构成了行为的主体，所以行为的善来源于六者听命于心的指挥。六者协同合作，听命于心，才能构成善的行为。《意林》引《子思子》"君子以心守耳目，小人以耳目导心"，即此意也。

但是，人心受到天、人两方的制约，在第27章中作者说：

> 天施诸人，天也。其人施诸人，狎也。（27章）

五官和心的功能都是天赋的，心能思，这可以说是天施诸人的能力（荀子故称为天官）；但人心也受到社会的影响、实践的影响、他人的影响，这是习（狎近习）。不仅如此，心还会受五官的反作用，所以心必须坚持主宰的地位，抵制五官的反作用，这就需要慎独：

> "淑人君子，其仪一也。"能为一，然后能为君子。君子慎其独也。（8章）
> "瞻望弗及，泣涕如雨。"能"差池其羽"，然后能至哀。君子慎其独也。（9章）

据帛书《五行》说部的解释，慎独就是"能为一"，"能为一"是指心不受五官的干扰和影响。这实际是要求心对感官的主宰。

所以，这里的心即是理性，慎独就是坚持理性对于身体和感官的独立的主宰作用。但这里强调的一和慎独，联系上面所说，似主要不是就道德修养而言，而是指理性思维的专一而言，即不受感官影响，以知之、进之。唐宋以来儒家论慎独者，多以《中庸》为说，竹简《五行》提供了子思学派早期的另一种理解，使我们得以了解先秦儒家慎独观念的多样发展。

六 子思五行说中的"圣智"与"仁"

如果说，有"经"无"说"是郭店楚简《五行》的一大特点，那么，与马王堆帛书《五行》相比，楚简《五行》的另一特点是，竹简《五行》与帛书《五行》的经部之间，在章句次序和若干文字上，也存在着一些重要的差别。因此，对于已经习惯了帛书《五行》篇的论述的学者而言，如果从研究子思思想的角度着眼，就不仅要把附于"经"文的"说"的部分，剥离出去，还要把帛书经文的章句次序以及文字，还原到竹简《五行》的文献面貌。这样我们才能全面把握简本和帛本的思想异同，也才能掌握子思思想的特色。㉘

郭店楚简公布之后，有学者通过楚简《五行》和帛书《五行》的文本比较，提出竹简《五行》以圣智为主线贯穿全篇，

㉘ 庞朴认为帛书本的次序较为合理，可能是《五行》篇本来的面目，见其《竹帛〈五行〉篇比较》。梁涛也认为帛本优于简本，但认为两本是不同的传本，见其文《简帛〈五行〉新探——兼论〈五行〉在思想史中的地位》，简帛研究网，2001-10-06。

而帛书本通过对经文的改动，使得这一线索变得模糊不明。[29]简本与帛本在思想重心上的差别在稍后的研究中陆续被学者揭示出来。如有学者在检查了二本依违情况后指出，竹简《五行》和帛书《五行》之间的不同，不是文字多少和篇幅大小的问题，而是思想观点的轻重转移的问题。[30]并指出，竹简前半较为注重对圣智仁的论述，而帛书说文作者将仁义联结，重视仁义甚于圣智，与经文崇圣的观点明显有了出入；简本经文主张"圣"为"五行之所和"，帛本经文则缺此一小节，而被说文补为"仁义，礼乐所由生"，这不仅偏离经文原意，尤显见推高仁义，故说文更切近孟子观点，与经文有所不同。[31]此后，其他学者也对此作了进一步探讨，认为在竹简《五行》的论述中，圣智是最重要的，简文以不同形式论证圣或圣智的重要。而在帛书《五行》中，削弱了圣智的重要性，提升了仁义的地位。[32]

总结学者已经指出的竹简《五行》与帛书《五行》经部的差别，主要有三点：第一，在一开始的一段论述中，竹简《五行》论述的次序是仁、义、礼、智、圣，而帛书本的次序则改为仁、智、礼、义、圣，使得圣智的固定联结被破坏了；第二，

---

[29] 邢文最早撰文明确指出这一点，见其文《〈孟子·万章〉与楚简〈五行〉》，载《中国哲学》第二十辑，辽宁教育出版社，1998年。

[30] 陈丽桂：《从郭店竹简〈五行〉检视帛书〈五行〉说文对经文的依违情况》，载《本世纪出土思想文献与中国古典哲学研究论文集》上册，陈福滨主编，辅仁大学出版社，1999年，第175页。

[31] 同上书，第193、194页。

[32] 李存山：《从简本〈五行〉到帛书〈五行〉》，载《郭店楚简国际学术研讨会论文集》，武汉大学中国文化研究院编，湖北人民出版社，2000年，第244—245页。

简本第 17 章的"圣智,礼乐之所由生也",在帛本改为"仁义,礼乐所由生也"。这样,简本所强调的作为礼乐根源的圣智,就在帛本中变成了仁义,其说部更明说"言礼乐之生于仁义"。第三,简本第 18 章的"仁,义礼所由生也",在帛本改为"仁义,礼智所由生也",既强调了仁义联结的重要,又把智置于礼的后面,使得简本中圣智对仁义礼的优先性完全消失。可以说,帛本总的倾向,是突出仁义说在全篇的优先地位。以此取代或覆盖圣智说在竹简本中地位。

确实,不用特别费力就可以观察到,竹简《五行》中关于聪明圣智的论述占了重要地位。在竹简《五行》中,"圣智"总是连在一起,并与"聪明"成对论述。因此,相对于帛本的倾向,可以说竹简《五行》是以突出圣智为其特色的。这就意味着,弄清荀子所批评的五行说,不仅要弄清是哪五行,而且要弄清五行的次序如何、五行中相互地位如何。此外,虽然我们可以说有所谓"思孟学派"或"思孟五行说",但简帛《五行》篇的差异表明,从子思氏之儒到孟氏之儒,五行说的内部结构和重点是有所变化的。

既然竹简《五行》为子思所作,那么依据竹简《五行》,我们能否对子思思想作更进一步的把握?能不能说,子思的思想是比较突出"圣智仁义"的一种体系?为了说明这些问题,我们先来梳理一下古代思想中的"聪明""圣智"的思想。

聪明之说,源出甚早。《国语·楚语下》论巫觋:"其智能上下比义,其圣能光远宣朗;其明能光照之,其聪能听彻之。如是则神明降之,在男曰觋,在女曰巫。"这表明古老的"圣智""聪明"与萨满文化崇拜超感觉能力有关。但《尚书》中已经不见此种上古思想的痕迹。《尚书·洪范》中说"视曰明,听曰聪,思曰睿""睿作圣",在《尚书》中,圣与思有关,而不是与聪明有关,这是与竹简《五行》不同的。但竹简《五行》在三思三形中对"思"和"聪明圣智"的强调,应与《洪范》的思想影响有关。事实上,《尚书》中多次提到"聪明",如——

《说命》:"惟天聪明。"

《冏命》:"聪明齐圣。"

春秋以降,聪与明仍常常为思想家所提起,如孔子提倡九思,首要的二思即聪和明,墨子更把聪明作为圣王所以为圣王的条件——

《论语·季氏》:"孔子曰:君子有九思,视思明,听思聪……"

《墨子·尚同下》:"故唯毋以圣王为聪耳明目与?"

《管子·九守》:"目贵明,耳贵聪,心贵智。"

《管子·君臣上》:"是故有道之君,正其德以莅民,而不言智能聪明。"

《韩非子·奸劫弑臣》:"人主者,非目若离娄乃为明也,非耳若师旷乃为聪也。"

《管子·九守》把心与耳目分开,把智和聪明分开,以智属于心的能力,这与《尚书·洪范》的说法相近。而《管子·君臣》则统言智能聪明,不加分析,其年代可能早于前者。从《国语》记载的观射父以聪明论巫觋可知,古代是以聪明代表人感觉和认知世界的基本能力。孔子、墨子等早期思想家强调政治领导者必须做到耳聪目明，才能进行领导。管子的说法强调君主的治道之要在于自身的正德，而不在聪明才智。法家则认为君主自己不需要耳目聪明，而在于善于使任耳目聪明的人为自己服务。可见对于聪明的理解和态度，各家有所不同。孔子讲视听要聪明，是强调领导者要获得和掌握准确的经验与知识，以正确了解事务的状况，这种对聪明的用法也是以聪明为认知世界的能力，是一种注重经验的态度和立场。

西周春秋时代很少以"圣"为一德行。所以，圣的被强调，是在春秋末期以后。"圣智"的说法，在墨子以后渐渐增多，只是往往未与聪明相联系，如——

《墨子·天志下》："故凡从事此者，圣知也，仁义也，忠惠也，慈孝也，……"

《墨子·七患》："君自以为圣智而不问事。"

《列子·力命》："圣智不能干，鬼魅不能欺。"

《管子·明法解》："虽有圣智之士，大臣私之，非以治其国也。"

《管子·枢言》："圣智，器也；珠玉，末用也。"

《韩非子·外储说右上》："虽有圣智，莫尽其术。"

《韩非子·诡使》："圣智成群，造言作辞，以非法措于上。"

《文子·自然》："舍圣智，外贤能，废仁义……"

《列子·仲尼》："今以圣智为疾者，或由此乎。"

《周髀算经》："知地者智，知天者圣。"

《老子》："绝圣弃智，民利百倍。"

《庄子·在宥》:"说圣邪……说知邪……"

《大戴礼记·四代》:"圣,知之华也;知,仁之实也。"

后四例都以圣与知(智)相对。可见,当时的圣智观念,都是指对知识的高度了解。与《五行》篇比较,《五行》是以聪为圣,以明为智,而上述这些圣智的说法,都未以聪明来解释圣智。

自然,《孟子·万章上》中也有圣、智对举的例子,与竹简《五行》所论,正相对照:

> 集大成也者,金声而玉振之也。金声也者,始条理也;玉振之也者,终条理也。始条理者,智之事也;终条理者,圣之事也。智,譬则巧也;圣,譬则力也。

但"聪明"和"圣智"亦有连用之例,此可见于——

《礼记·中庸》:"苟不固聪明圣智达天德者,其孰能知之。"

《庄子·宥坐》:"孔子曰:聪明圣智,守之以愚……"

《荀子·非十二子》:"聪明圣智,不以穷人……"

"聪明圣智"与"聪明睿智"意近,聪明睿智的说法亦多,如——

《庄子·天地》:"许由曰:殆哉,圾乎天下!啮缺之为人也,聪明睿知……"

《韩非子·解老》:"聪明睿知,天也;动静思虑,人也。"

《周易·系辞》:"古之聪明睿知,神武而不杀者夫。"

《礼记·中庸》:"唯天下至圣,为能聪明睿知,足以有临也。"

"圣知"与"仁义"连用之例也有，圣智在《庄子》等书中亦写作"圣知"，如——

郭店楚简《六德》篇："何谓六德？圣智也，仁义也，忠信也。……作礼乐，制刑法，教此民尔，使之有向也，非圣智者莫之能也。"值得注意的是，《六德》的"圣智"特别强调其君王"制作"的意义，也是着眼在政治的面向。

《孙子·用间》篇："非圣智不能用间，非仁义不能使间。"

《庄子·田子方》篇："吾以圣知之言，仁义之行为至矣。"

《尸子·神明》篇："仁义圣智参天地。"

关于见闻，竹简《五行》认为"见而知之，智也；闻而知之，圣也"。在《孟子》中，也把"见而知之"与"闻而知之"加以对比：

> 由尧舜至于汤，五百有余岁，若禹、皋陶则见而知之，若汤则闻而知之。由汤至于文王，五百有余岁，若伊尹、莱朱则见而知之，若文王则闻而知之；由文王至于孔子，五百有余岁，若太公望、散宜生则见而知之，若孔子则闻而知之。

孟子虽然没有明确把见而知之、闻而知之与圣、智相互诠释，但隐含了闻而知之为圣、见而知之为智的意思，这并不是偶然的，而是孟子熟悉《五行》的一种表现。

《文子·道德》篇则不仅圣智连用，而且与"闻而知之"和"见而知之"结合一起：

闻而知之，圣也；见而知之，智也。圣人常闻祸福所生而择其道，常见祸福成形而择其行。圣人知天道吉凶，故知祸福所生；智者先见成形，故知祸福之门。闻未生，圣也；先见形，智也。

竹简《五行》说："见而知之，智也；闻而知之，圣也。"《文子》所说与之相同。《文子》杂取先秦书语甚多，《文子》中的"闻而知之，圣也；见而知之，智也"，看来即引用成书之言。其《道德》篇："故德者民之所贵也，仁者民之所怀也，义者民之所畏也，礼者民之所敬也。"以德、仁、义、礼为"四经"。竹简《五行》："闻道而悦者，好仁者也。闻道而畏者，好义者也。闻道而恭者，好礼者也。闻道而乐者，好德者也。"（28章）这里以仁、义、礼、德并列，《文子》的"四经"说与之接近。③

当然，《文子》所说的圣智与《五行》所说的圣智有所不同，《文子》所说的圣智，是指预知吉凶祸福而言，其所说的圣人知天道，也是指如春秋时代职掌天象的史官一类的人而言。这与《五行》从政治的尊贤立场讲圣智，是不相同的。此外，从政治思想上看，"圣智"观念的流行，似乎与"圣王"的观念有关。圣王的观念是战国时代儒、墨、法各家共用的观念。突出圣智的观念，不仅是对一般君子的道德要求，而且是指向圣

---

　③ 《文子·下德》篇，以"是以贵仁""是以贵义""是以贵礼""是以贵乐"，联结，突出仁、义、礼、乐。其《上仁》篇："知贤之谓智，爱贤之谓仁，尊仁之谓义，敬贤之谓礼，乐贤之谓乐。"智、仁、义、礼、乐并提，也都与《五行》的某些说法相类。

王的一种政治要求。

　　很明显，竹简《五行》中的智，不是《孟子》中"仁义礼智"系列的一德，而是与仁义礼相对独立的，并与"圣"密切联结的一德。故在竹简《五行》中，圣智是一对，仁义礼是一组。而这种"圣智"的配合，是战国时代所常见的观念，是一种对于全面知识和高度智慧的推崇。如果考虑到道家和法家是反对圣智的（如道家绝圣去智，是一般地反对圣智；法家主张君主无为无德，着重反对提倡君主的圣智有为），那么可以说，圣智说是儒家和墨家较早提倡的，是对当时国君、卿大夫士的德行、能力的一种要求，也包含了对宗法封建原则的突破。而墨家的很多价值是来自儒家。因此我们可以说，孔子以后，以子思为代表，早期儒家重视提倡圣智仁义说，这不仅影响了墨子及其学派，也使得道家的庄子一派在"绝仁去义"之前，必须先举起"绝圣去智"的旗帜来，以与儒家大唱其反调。竹简《老子》年代较早，不可能以子思为批判对象，所以未及提"绝圣弃智"，只说"绝智弃辩"。而到庄子，子思的圣智仁义说已经相当流行，成为这一时期道家主要的、具有标志性的对立面，于是《老子》文本改为"绝圣弃智""绝仁弃义"。《文子》中的道家言论"舍圣智，外贤能，废仁义"似乎针对的就是子思五行说代表的儒家思想。没有竹简《五行》，我们就无法知晓"绝圣弃智"的具体针对性，竹简《五行》的出土把这一被湮没的思想史的线索显露了出来，为我们进一步了解当时的思想世界提供了条件。

　　然而，如果说竹简《五行》中"圣""智"的地位很突出，那么,"仁""义"在竹简《五行》中的地位如何呢?应当说,竹简《五行》并没有忽视"仁",竹简《五行》在开篇便论仁义礼智圣五行,仁居于首。有学者认为竹本《五行》的开篇论述次序是仁、义、礼、智、圣,但按重要性排序应是圣、智、仁、义、礼,这就是说,以重要性排序应即五、四、一、二、三。其实《五行》的作者在表达顺序和重要性的安排上显然不会如此混乱。事实上,不仅开篇论五行以"仁"为首,在三思三形的论述中,也以仁智圣并列,以仁为首。对于仁与智圣的关系,五行作者甚至提到"不仁不智""不仁不圣","仁"在这里具有更本源、更内在的意义。而且,"仁"是"四行之所和","义礼所由生",是四行中最重要的一行。在四行中"仁"统四行,正是仁才能使得四行和谐。

另外,简文第 2 章:"君子无中心之忧则无中心之智,无中心之智则无中心之悦,无中心之悦则不安。不安则不乐,不乐则无德。"据帛书本,此下还有:"君子无中心之忧则无中心之圣,无中心之圣则无中心之悦,无中心之悦则不安。不安则不乐,不乐则无德。"两次强调"忧"是圣、智的根源。这个忧字的读法仍值得研究。这里的"中心之忧"被说成是圣、智的前提和基础,等于说不忧不圣,不忧不智,这和简文第 4 章的"不仁不圣""不仁不智"的结构相当,故这个忧字只能按仁的方向去理解和解释。而且,按其忧、智、悦、安的顺序,观忧字在上下文的意思,当指某种关切,与第 12 章的"不变不悦"的"变"字意义相近(此"变"字诸说不同,或读为恋,即眷也),皆为仁之端。如果此说可以成立,应当肯定,作者其实很强调仁作为圣智的基础的意义。

除了"仁"之外，本篇对"义"也未忽视。作者在第3章提出对"义"的理解："不直不肆，不肆不果，不果不简，不简不行，不行不义。"在第20章复加以解说："中心辩然而正行之，直也。直而遂之，肆也。肆而不畏强御，果也。不以小道害大道，简也。有大罪而大诛之，行也。贵贵其等尊贤，义也。"不仅如此，又另用整整三章的篇幅申明简作为义的意义："不简不行，不匿不辩于道。有大罪而大诛之，简也；有小罪而赦之，匿也。……"（22章）"简之为言，犹练也，大而晏者也。匿之为言，犹匿匿也，小而轸者也。简，义之方也；匿，仁之方也。强，义之方也；柔，仁之方也。……"（23章）"大而晏者，能有取焉。小而轸者，能有取焉。……"（24章）这是很特别的，由此可见，作者对义的阐发也是相当重视的。

所以，尽管圣智的联结在《五行》篇中很突出，但我们不能简单地说竹简《五行》就是以圣智为线索，也不能笼统地说在竹简《五行》篇中圣智比仁义更重要。不仅竹简《五行》自身各部分突出的重点有所不同，事实上，圣的观念在古代并不像在后代那么神圣，特别是在不同思想家那里圣的地位很不同。我们并不能一看到圣字，就以为一定是最高的观念，如孟子讲美、大、圣、神，圣就不是最高的观念。由文本也可看出，在《五行》篇自己规定的意义上，"圣"主要是指闻君子道知其为君子道，"智"只是见贤人知其有德，圣智近于古希腊哲学所谓"理智德性"，是五行的一部分，并没有后来所理解的那种崇高神圣的意义。应当说,在竹简《五行》篇中,仁义与圣智都有其重要地位,把《五行》篇的思想仅仅归结为圣智说是片面的。

荀子对子思五行说的批评,其"案往旧造说,谓之五行",当指子思利用了古代五行的观念形式;"僻违而无类",当指子思把"圣智"和"仁义礼"不同类的概念列属为同一德行体系;"幽隐而无说""闭约而无解",则当指子思只作了《五行》篇经部,没有充分加以解释。荀子也讲圣智,但荀子决不把圣智与仁义混合并论,这应是他批评思孟的主要理由。的确,把圣智与仁义并列,在一定程度上减弱了道德价值优先的儒家立场;在德目表的意义上看,过于突出理智德性,带有智识主义的倾向,从而有可能发展成为早期儒学的一种认识论和天道哲学的探究,而《孟子》七篇重新强调仁义,似乎是自觉地修正突出圣智这一发展的方向,重新突出儒学的价值方向。在这个意义上,孟子的意义不仅是在孔子的"仁"的思想之后提出"仁义"的思想,而且是把七十子及其弟子偏离了仁义优先的思想修正过来。这也是孟子虽然在中年曾为《五行》篇作解说,但晚年则以四端说代替五行说的原因。

七 圣智说的政治解读

那么,相对于孔子,为什么子思比较突出圣智之说呢?战国前期到中期,各种圣智说的内涵,其实并不相同。已有研究较为注重以《五行》中的圣智说为表达子思学派对天道的哲学追求与契合。㉞ 然而还应指出，尽管在词源学上聪明圣智的观念与感觉和认知能力有关，但竹简《五行》篇中的圣智观念是有其明确的具体所指的。

"聪明"本来是认识能力的价值，应当属于认识论的范畴。"见闻"是认识活动的经验方式，也是认识论的范畴。"圣智"在其本来的意义上，是聪明的高度发展，圣人和智者是具有高度聪明的人格体现。竹简《五行》的特点则是，把聪明、闻见、圣智三对概念结合起来，这在西周、春秋的思想史上是没有过的：

闻君子道，聪也；闻而知之，圣也。……见贤人，明也；见而知之，智也。（17章）

在三思三形的论述中我们已经读到：

明则见贤人，见贤人则玉色，玉色则形，形则智。（6章）
聪则闻君子之道。闻君子之道则玉音，玉音则形，形则圣。（7章）

在后面我们读到：

未尝闻君子道，谓之不聪；未尝见贤人，谓之不明。

㉞ 郭齐勇认为，简本的圣智五行说，强调对天道的契合，并对此作了深入讨论，见其文《再论"五行"与"圣智"》，简帛研究网，2001-6-24。

> 闻君子道而不知其君子道也，谓之不圣；见贤人而不知其有德也，谓之不智。（15章）

《五行》篇重新定义了"聪""明"。聪本来是指闻的能力，明本来是指见的能力，但《五行》认为，聪不是指一般的闻听，而是指闻君子之道；明不是指一般的看见，而是指见贤人之面。从而，"圣"不是一般的闻听之聪，不是一般意义下的特殊听觉能力，而是闻听君子之道而能知其为君子之道。"智"也不是一般的看见之明，不是一般意义下的特殊视觉能力，而是面见贤人而能知其有德。可见贤人是指有德的人。在这里，聪明、闻见、圣智都被限定了，被道德化了、政治化了，成为政治实践的能力、政治认知的能力和道德认识的能力，这是早期儒家思想对古代聪明圣智说的一种改造。

因此，聪明、闻见、圣智三者的连接，在《五行》篇中，其主导的指向不是构成为一种认识论的论述，聪明、闻见、圣智都被明确赋予了道德的、政治的意义，三者连接的指向是构成一种政治哲学的论述。这种政治哲学是以"闻君子道"和"见贤人"为中心，亦即以"闻道"和"尊贤"为中心的。孔子曾说："朝闻道，夕死可矣。"孔子所要闻的道，是指人生的真理，而《五行》这里所说的"闻君子道"，更多地是指王公的治道，即君子作为统治者的治国之道。"尊贤"就是要尊敬有德的大夫、士，甚至，所谓"闻君子道"，也是从贤人那里闻听君子道。事实上，战国时期，"知贤，智也"是一流行说法，强调

"智"的知贤的意义。㉟ 因此，尊贤是本篇的一个很重要的观念。篇中两次用《诗经》的话解释智和圣，"既见君子，心不能悦"，"既见君子，心不能降"，都是喻指见贤人。还反复强调"明则见贤人，见贤人则玉色"。第20章解释"不行不义"时说"贵贵其等尊贤，义也"，第24章对此更进一步解释说："达诸君子道，谓之贤。君子知而举之，谓之尊贤；知而事之，谓之尊贤者也。前，王公之尊贤者也；后，士之尊贤者也。"君子知而举之的尊贤，这里的君子就是指王公。所以，圣智说的主要实际意义就是在政治上要求国君知贤尊贤敬贤，《五行》篇的思想不仅一般地要求统治者阶级应注重德行的内在化，以强化政治德行，而且通过对"聪明圣智"的强调，表达其要求在政治上"尊贤"的主张。

这和史料记载的子思的政治活动与政治实践是一致的。如：

> 穆公之于子思也，亟问，亟馈鼎肉，子思不悦，摽使者出诸大门之外，北面稽首再拜而不受，曰："今而后知君之犬马畜伋。"盖自是台无馈也。悦贤不能举，又不能养，可谓悦贤乎？（《孟子·万章下》）㊱

这是讲子思对悦贤、举贤之道的重视，他认为对待贤人不能只

㉟ 如《孔子家语·贤君》："知贤，智也；推贤，仁也；引贤，义也。"又《晏子春秋·谏下》篇更以"有贤而不知"为"不祥"。

㊱ 以下各条皆引自李启谦、王式伦主编：《孔子弟子资料汇编》，山东友谊书社，1991年，第1024—1051页。又，《大学》传十章"见善不能举"，与此段"悦贤不能举"意思相近。

给予优厚的物质待遇，而必须予以重用。

> 鲁穆公问于子思曰："吾闻庞㛑氏之子不孝，其行奚如？"子思对曰："君子尊贤以崇德，举善以观民，若夫过行，是细人之所识也，臣不知也。"（《韩非子·难三》）

这一条是讲子思重视提倡尊贤、举善和崇德，而不把注意力放在批评别人的缺点上面。

> 子思问于夫子曰："为人君者，莫不知任贤之逸也，而不能用贤，何故？"子曰："非不欲也，所以官人失能者，由于不明也，其君以誉为贤，以毁为罚，贤者不居焉。"（《孔丛子·记问》）

这一条是讲子思对用贤、任贤的"明"的理解，这与《五行》强调"明"是见贤人而知其有德，是一致的。

> 曾子谓子思曰："昔者吾从夫子游于诸侯，夫子未尝失人臣之礼，而犹圣道不行。今吾观子，有傲世主之心，无乃不容乎？"子思曰："时移世异，各有宜也。当吾先君，周制虽毁，君臣固位，上下相持，若一体然。夫欲行其道，不执礼以求之，则不能入也。今天下诸侯方欲力争，竞招英雄以自辅翼，此乃得士则昌、失士则亡之秋也。"（《孔丛子·居卫》）

时人评价子思有傲世主之心，说明子思一贯对君主有所批评，批评他们对贤人之士不能执礼以求之，郭店楚简《鲁穆公问子思》的记载也佐证了这一点。

> 鲁人有公仪僭者，砥节砺行，乐道好古，恬于荣利，不事诸侯，子思与之友。穆公因子思欲以为相，谓子思曰："公仪子必辅寡人，参分鲁国而与之一，子其言之。"子思对曰："如君之言，则公仪子愈所以不至也。君若饥渴待贤，纳用其谋，虽蔬食饮水，伋亦愿在下风。今徒以高官厚禄钓饵君子，无信用之意，公仪子之智若鱼鸟，可也，不然，则彼将终身不蹑乎君之庭矣。"（《孔丛子·公仪》）

子思常常批评穆公的待贤之道，强调待贤之道不是用高官厚禄去引诱，而是真正信赖他们，依从他们的主张，付以重任。

> 公叔木谓申祥曰："吾于子思，亲而敬之，子思未吾察也。"申祥以告曰："人求亲敬于子，子何辱焉？"子思答曰："义也。"申祥曰："请闻之。"答曰："公叔氏之子，爱人之同己，慢而不知贤。夫其亲敬，非心见吾所可亲敬也，则亦以人口而疏慢吾矣。"申祥曰："其不知贤，奈何？"答曰："有龙穆者，徒好饰弄辞说，观于坐席，相人眉睫，以为之意。天下之浅人也，而公叔子交之。桥子良修实而不修名，为善不为人知己，不撞不发，如大钟然。天下之深人也，而公叔子与之同邑，而弗能知。此其所以为爱同己，

而不知贤也。"(《孔丛子·抗志》)

子思认为,知贤是很重要的,知贤一定要自己真正认识贤人之贤,而不是道听途说,人云亦云;知贤不是看表面的辞说,而是看实在的德行。

竹简《五行》篇见贤、知贤、尊贤的思想与上述这些关于子思论悦贤、举贤、尊贤、知贤的思想是一致的,与子思的傲君性格相符合,和《中庸》"尊贤则不惑""尊贤之等"的思想也是一致的。战国时代,选贤、举贤、得贤、知贤、用贤、任贤是当时最普遍流行的课题,竹简《五行》的聪明圣智说可以说在理论上为知贤尊贤的主张作了哲学论证,这在当时是很少见的。同时,子思这种尊贤的要求,放在战国初期的背景下来看,也具有"士的自觉"的意义,士的自觉在当时不仅体现为对自我人格的要求,也体现为在政治上要求尊贤的反复呼吁,表达了当时的士阶层要求在政治领域中发挥作用的强烈意愿。㊲

总之,竹简《五行》篇作为子思对德行的讨论,其论"德之行"与"行"的区分,强调德的内在性;其论德行得以实现的心理展开过程及其外在体现,强调内在意识的发端对德行实现的根本性和原初性。这些都对孟子性善四端思想的提出起了

㊲ 杜维明一贯以"士的自觉"刻画孟子思想的性格,包括主体意识、客观价值、天地精神,参看其《孟子:士的自觉》,载《杜维明文集》第 5 卷,第 28—56 页。

重要的奠基作用。其论"善"与"德"的区分亦包含了超越性的面向，为《中庸》的进一步发展准备了基础。《五行》篇在重视圣智观念的同时，并没有忽视仁义的重要地位；其"圣""智"说则具有明确的政治指向性，强调尊贤，与史载子思政治实践的一贯主张是完全一致的。

2006 年 6 月写于麻州康桥

帛书《五行》说部
与孟子思想探论

　　本文作者曾提出,帛书《五行》篇的经部为子思所作,说部为孟子所作,并以竹简《五行》篇文本为据,专门就经部作为子思的思想进行过综合分析。① 本文在此基础之上来讨论帛书《五行》说部思想与孟子的关系,力求在揭示说部思想特点的同时,进一步说明帛书《五行》篇说部为孟子所作这一观点的合理性。为方便起见,本文引用帛书《五行》的文字与分章,皆据庞朴《竹帛〈五行〉篇校注及研究》。

---

　　① 陈来:《竹帛〈五行〉篇为子思、孟子所作论》,武汉大学国际简帛会议论文,2006年6月;《竹简〈五行〉篇与子思思想研究》,2006年6月。二文皆已在"简帛研究网"上发表,后分别刊于《孔子研究》2007年第1期、《北京大学学报》2007年第2期。

帛书《五行》说部与孟子思想探论

一 德气说

帛书《五行》的经文中有3章,用"不……不……"的语式,强调仁、义、礼的道德行为必须经过一系列的心理过程:

不变不悦,不悦不戚,不戚不亲,不亲不爱,不爱不仁。(10)

不直不肆,不肆不果,不果不简,不简不行,不行不义。(11)

不远不敬,不敬不严,不严不尊,不尊不恭,不恭无礼。(12)

经文以亲爱论仁,以果敢论义,以恭敬论礼,其中对仁和礼的理解与春秋以来德行论基本相同,而对义的理解,有其特点,即强调正直、果敢、断制,已表现出与春秋时代的不同,这种理解和《礼记》记载的孔门七十子及其后学对义的理解也是有所不同的。② 以恭敬论礼则直接影响了孟子。

在说文中,对仁、义、礼三种道德德行的解释,则引入了"气"的概念,这是很有特色的。如说10:

---

② 按《礼记》中无以果简论义之说,《中庸》云"义者宜也",这是《礼记》各篇论义的主流,唯《乐记》"义以正之"、《聘义》"有义之谓勇敢"略近《五行》所说,然终不同。

> "不变不悦。"变也者，勉也，仁气也。

在经文中，变和勉都是"仁"这一德行在内心的发端，而在说文这里，把作为内心发端的变和勉解释为"仁气"，这是说部的发明。

不仅对仁是如此，义、礼皆然。

说 11：

> "不直不肆。"直也者，直其中心也，义气也。

说 12：

> "不远不敬。"远心也者，礼气也。
> "不尊不恭。"恭也者，（用上）敬下也。
> "恭而后礼"也，有以礼气也。

在经文中，作为仁之端的变、悦、戚、亲、爱，作为义之端的直、肆，作为礼之端的远、敬、严、尊、恭，有的是作为情感，有的是作为意向，有的甚至是心态，但都是还未达到明确的仁、义、礼道德意识的阶段。在这个意义上，我们可以说变、悦、直、肆、远等概念所表达的都是前道德意识的内心状态和意向表现，仁、义、礼才是明确的道德概念。而相对于已经实现的仁、义、礼行为，从变的意向到仁的意识、从直的意向到义的意识、从远的意向到礼的意识，都可以说是前道德行为的阶段。

说文把这些前道德意识和前道德行为的阶段都称作气，表示作者对德行的理解，不是仅仅将之理解为行为，而是用气来表达行为之前的心理状态和活动，如"仁"不是仅仅指一种现实化了的行为，行为未曾实现的时候，内心已有仁气的活动发展。因而，这种说法不再是把德行仅仅理解为外在的行为，而是把德行的理解内在化的说法。

不仅尚未达到明确的道德意识的内心状态是仁气、义气、礼气，在作者看来，一切正在现实化的行为都依据于气，故也都可以用气来表示，因为一切行为都是气所支持和鼓动的。

说18：

> "知而行之，义也。"知君子之所道而杀然行之，义气也。
>
> "知而安之，仁也。"知君子所道而惄然安之者，仁气也。
>
> 愀愀然而敬之者，礼气也。

这里的"知而行之，义也""知而安之，仁也"，都是指正在实现出来的行为，"知君子之所道而杀然行之"和"知君子所道而惄然安之"，都是正在实现的行为。作者认为它们也是气。我们把这种思想称作德气说，即用气来说明德行的心理动力机制和德行的进行时态。杀然、惄然、愀愀然，都表示行为是在某种动力性心态支配下实现的。

说19：

"见而知之，智也。"见者，明也。智者，言由所见知所不见也。

　　"知而安之，仁也。"知君子所道而惄然安之者，仁气也。

　　"安而行之，义也。"既安之矣，而杀然行之，义气也。

　　"行而敬之，礼也。"既行之矣，又愀愀然敬之者，礼气也。

　　所安所行所敬，人道也。

在说文的这种解释中，对于仁、义、礼、智、圣五行，是有所区别的，在解释仁、义、礼的时候用仁气、义气、礼气，但解释圣、智的时候却从不使用圣气、智气的说法。作者也未说明其理由。圣智与闻见关联，闻见不是实践德行，或者用中国哲学的说法，闻见偏于"知"，而不属于"行"，故不宜用"气"来说明；仁、义、礼之行超出知觉成为行动，故用"气"加以说明。"圣""智"指向知天道，"仁""义""礼"指向行人道，前者是理智德行，后者是实践德行。我们知道，希腊哲学中区分了理智德性与实践德性，看来，《五行》的作者对理智德行和实践德行的理解有所不同，实践德行的现实化需要气的参与，理智德行则无须气的参与。古代儒家哲学用"气"来表达其对理智德行和实践德行的区别，这是很有特色的。它也表达出，道德行为不仅是道德意识的直接现实，也需要某种动力性的身心要素的参与和支持。《孟子》书中讲的浩然之气，正是扮演了这样的角色。③

气是动力性的存在，内心的情感情绪及诉诸行为，都是含有某种动力性的活动。而气不仅可以作为行为的要素，也可以表示前行为的内心状态，以便于说明德行从发端到完成是一内外连续的动力过程。从现代哲学的角度看，德气说不是把理性看成道德行为的唯一原因，而是充分注意到现代哲学所说的"理性之外的心理原因"（戴维森），④ 表明儒家哲学对实现道德行为的诸要素有着比较完整的把握。

《五行》篇关于仁、义、礼的区别和对仁、义、礼各自特性的把握，与春秋以来的德行论是一脉相承的。从不同的内心趋向和活动特性来把握仁义礼诸德可谓《五行》的特点，而这一点在《孟子》书中，通过恻隐之心、羞恶之心、是非之心、恭敬之心表达得更为清楚了。

最后简单提一下说文对"不……不……"论述的解释，经文 10 说"不变不悦"，在说 10 中这样说明：

"不变不悦"，变也者，勉也，仁气也。变而后能悦。"不悦不戚"，悦而后能戚所戚。"不戚不亲"，戚而后能亲之。"不亲不爱"，亲而后能爱之。"不爱不仁"，爱而后仁。

---

③ 庞朴在其《帛书〈五行〉篇评述》中已经指出："很自然令人想起孟子的类似论点。孟子有夜气或平旦之气、浩然之气，以及守气、养气之论。"见《竹帛〈五行〉篇校注及研究》，万卷楼图书有限公司，2000年，第167页。

④ 罗蒂对戴维森此说有肯定的评论，见罗蒂《后哲学文化》，黄勇编译，上海译文出版社，1992年，第31页。

说文的特点是，把带有逻辑关系的陈述形式"不……不……"，把必要条件的陈述形式，都明确变为"而后"的时间先后关系的叙述。说文作者在其他几种论述中的解释也有这样的特点，如说14：

"亲而笃之，爱也。"笃之者厚，厚亲而后能相爱也。
"爱父，其杀爱人，仁也。"言爱父而后及人也。

此外，经文6论仁之思安、温、悦、戚、亲、爱，是无对象的心理情态；经文10的变、悦、亲是无对象的心理情态，戚、爱是有对象的心理活动，而说文的解释是：

变者而后能悦人，戚人，亲人，爱人，以于亲戚亦可。
（说10）

在说文中把悦、戚、亲、爱都说成悦人、戚人、亲人、爱人，这就把《五行》经文从内心发端到外化为行为的过程的时间性更明确地展开为一种对象性的道德意识，同时，把属于仁的悦、戚、亲、爱都与"人"直接挂钩，这可以说是受到了《中庸》和《表记》所谓"仁者人也"的影响。

《礼记·乡饮酒义》曾提到"天地温厚之气，始于东北而盛于东南……此天地之仁气也"，但是《礼记》的"仁气""义气"的说法是与古代方位说联系在一起的自然哲学的概念，这与《五行》中的德气作为行为的心理动力是不相同的。《大戴礼记·文王官人》提出："信气中易，义气时舒，智气简备，勇气壮直。"也是把德行和气联系起来，与这里所说有一致之处。

二 聪明圣智说

关于聪明圣智的论述，构成了《五行》经部的重要部分。说部对聪明圣智的解释处处表达了对经文的发挥，其中主要是两部分：一部分围绕"知"展开，一部分围绕"色"展开，前者是认识论的，后者是政治论的。

说13：

> "不聪不明。"聪也者，圣之藏于耳者也。明也者，智之藏于目者也。聪，圣之始也；明，智之始也。故曰不聪明则不圣智。圣智必由聪明。圣始天，智始人。圣为崇，智为广。

这应当是解释经文11"不聪不明，不明不圣，不圣不智……"一段的。按经文的意思，聪还不是圣，但可以发展为圣；明还不是智，但可以发展为智。所以聪是圣的基础，圣是聪的发展；明是智的基础，智是明的发展。但经文没有明白说出，说文则明白说聪是圣的开始，明是智的开始，要达到圣智，必须经由聪明，这就把聪明和圣智的关系表达得更加清楚了。

以下作者便转到圣智的对照，"圣始天，智始人"，这里的"始"字较为费解。按《德圣》篇说："知人道曰智，知天道曰圣。"据此，疑此处"始"字乃"知"之误，应为"圣知天，智知人"。"圣为崇，智为广"，崇即高，意思是圣表示崇高，智代表广大。聪明是知觉能力的范畴，圣智代表最高的知觉水平和境界。

圣的基础是听而聪，圣是闻声知情的最高程度，作者强调，圣不仅是敏锐的听觉，更是通过听而达到超越经验的知：

"闻而知之，圣也。"闻之而遂知其天之道也，圣也。（说17）

经文中只说"闻而知之，圣也"，没有说明圣所知的对象和性质。说文则明确指出，圣不是对所闻的直接认知，圣是闻而能知天之道，通过所闻的直接经验，进而把握到天之道。这样的圣，就不仅是一般的德行君子，而且是能知天道的具有高度智慧的哲学家。如果闻而知之只是知人之道、知政治管理之道，那还不是圣。

同样，经文中只说"见而知之，智也"，说文则强调，见而知之的知，也不是对直接所见的知，必须是通过直接所见而达到更高的认识，所以：

"见而知之，智也。"见之而遂知其所以为之，智也。（说17）

明明，智也。智也者，由所见知所不见也。（说17）

"见"不只是见其所见，还要由所见知其"所以为之"。所以为之即现象的根据。所以，圣、智都是一种智慧，一种通过直接的见闻经验而达到超越直接经验的认识。对于智来说，就是通过所见达到对所不见、所未见的对象的认识。这些具有认识论意义的思想都与经文注重直接性认知的特点有所不同，是对经文思想的发展。

关于闻而知之和见而知之的这种说法，类似的表达在古书中亦有所见，如《吕氏春秋·察今》："贵以近知远，以今知古，以所见知所不见。"这里所说的以所见知所不见，语同《五行》说文，而其文意是指以今知古的历史推理。《大戴礼记·曾子立事》："以其见者，占其隐者。故曰：听其言也，可以知其所好矣。"这里所谓以见者占隐者，亦即由所见知所不见，具体是指听其言而知其心。《说苑·尊贤》："眉睫之微，接而形于色；声音之风，感而动乎心。宁戚击牛角而商歌，桓公闻而举之；……故见虎之尾，而知其大于狸也，见象之牙，而知其大于牛也。一节见，则百节知矣。由此观之，以所见可以占未发，睹小节固足以知大体矣。"这里所说的以所见所闻知未见未闻，是指见一知百，见部分而知全体的认识能动性。

以上是认识论的部分，现在来看政治论的部分。在经文中，强调"聪"是闻君子道，"圣"是闻君子道而知其为君子道；"明"是见贤人，"智"是见贤人而知其为贤人。在这方面，说文的重点有所不同。说文特别强调的是"色然"，这是经文中没有出现的概念。

说 17：

"未尝闻君子道，谓之不聪。"同此闻也，独不色然于君子道，故谓之不聪。

　　"未尝见贤人，谓之不明。"同此见也，独不色贤人，故谓之不明。

　　"闻君子道而不知其君子道也，谓之不圣。"闻君子道而不色然，而不知其天之道也，谓之不圣。

　　"见贤人而不知其有德也，谓之不智。"见贤人而不色然，不知其所以为之，故谓之不智。

色然是指形于面色，即表现在面部表情上。经文论三思三形时说过"明则见贤人，见贤人则玉色"，见贤人则玉色，便是"色然"。但是，不仅经文没有提到色然，经文在三思三形之后专门论述聪明圣智的几章中也根本没有涉及这个问题。而说文则在解释经文论述聪明圣智的几章中反复强调色然，把色然作为闻而知之和见而知之的主要表征。如，经文只说未尝闻君子道是不聪，说文则说闻而不色然是不聪；经文只说未尝见贤人是不明，说文则说见贤人而不色贤人是不明。又如，经文只说闻君子道却不知其为君子道，这是不圣；说文则说闻君子道却不色然，也不知其天之道，这是不圣。经文只说见贤人而不知其有德，这是不智；说文却说见贤人而不色然，不知其所以为之，这是不智。这种对色然的强调，表明说文作者对礼贤尊贤更为重视。

　　说18也说：

"闻君子道，聪也。"同此闻也，独色然辨于君子道，聪也。聪也者，圣之藏于耳者也。

"闻而知之，圣也。"闻之而遂知其天之道也，是圣矣。

"圣人知天道"，道者，所道也。

"见贤人，明也。"同此见也，独色然辨于贤人，明也，明也者，智之藏于目者也。明则见贤人。

在经文中，聪明圣智是有其具体含义的，见贤便能知贤、闻君子道便能知君子道；说文强调知贤要体现在色然辨于贤，知君子道要体现在色然辨于道，辨是辨识，辨识贤人和君子道都必须在面部表情上体现出来，否则就不是聪明。此种思想在古书中也有类似说法，如《吕氏春秋·谨听》"见贤者而不耸则不惕于心，不惕于心则知之不深"。这里说的见贤人不耸，就是见贤人而没有表情，不能肃然起敬，这说明不能知贤。《说苑·臣术》："君耳目聪明，思虑审察，君其得圣人乎？公曰：'然，吾悦夫奚之言，彼类圣人也。'"这里所说，也包含了圣和耳目聪明、思虑审察有关，和经文所谓"仁之思也精，精则察"也有关联之处。

总之，说文与经文的不同，是强调见而知之和闻而知之，一方面必须体现在表情上的尊贤，另一方面必须达到超越直接见闻的、对事物更深更高的认识。

三 天道说

上节已经提到，说文在论"圣"的时候，很强调"圣"的

"知天道"的意义。事实上，对天道的关注，是整个说文的一个特色。

在说文最开始之处——

说6：

"圣之思也轻"，思也者，思天也；轻者尚矣。

这是解释经文7"圣之思也轻，轻则形，形则不忘，不忘则聪。聪则闻君子道"的第一句。经文中并没有对"轻"的说明的线索，说文则明确说明了轻的思维特性是"轻者尚矣"，尚通上，故"轻"的意思是向上。说文明确指出，圣所代表的思维特点或特性，是上思天，即以天和天道为思维对象。这种解释就把经7的"圣之思"和经17"闻君子道，聪也；闻而知之，圣也。圣人知天道也"接通在一起了。在经文中，只在经17的一处提及圣人知天道，而且和上下文联系不紧密。故可以说，在经文中，天道的问题完全不突出。

而在说文中，"天道"成为很突出的观念。说文不仅明确"圣之思"是思天，而且明确把"闻而知之"的"知之"解释为知天道：

"闻而知之，圣也。"闻之而遂知其天之道也，是圣矣。

（说18）

圣如果是闻声而知，则圣不是闻声知情，而是闻声知道，闻声而知天道。

说文中不仅把"圣之思也轻"明确解释为思天，把"闻而知之"的"知之"确定为知天道，也把"闻君子道"的"君子道"解释为天道：

"聪则闻君子道"，道者，天道也，闻君子道之志耳而知之也。（说6）

"闻君子道则玉音"……而美者也，圣者闻志耳而知其所以为之者也。（说6）

说文声明"道也者，天道也"，在许多处把经文中单独使用的"道"字都明确解释为"天"道，把经文中所有的"君子道"都解释为"天道"，这表明说文在闻道而圣的问题上重视天道观更过于德行论，把圣和天道结合得更紧密了，这是说文对经文的一个重要改变。

又如经文28，竹简《五行》作"闻道而悦者，好仁者也。闻道而畏者，好义者也。闻道而恭者，好礼者也。闻道而乐者，好德者也"。帛书《五行》经文28的这一段，"闻道而悦者"作"闻君子道而悦者"，"道"字前多"君子"二字。帛书说文28与经文同，亦作"闻君子道而悦者"。此外，说文更比经文的"闻道而畏者"多出"君子"二字，作"闻君子道而畏者"。

不过，说28在解释"闻君子道而畏"与"闻道而恭"两段时都没有解释道字的意义，而是在"闻君子道而悦"和"闻道而乐"两段中明确用天道来解释"道"字：

> "闻君子道而悦者，好仁者也。"道也者，天道也，言好仁者之闻君子道而以之其仁也，故能悦，悦也者，形也。⑤
>
> "闻道而乐者，有德者也。"道也者，天道也，言好德者之闻君子道而以夫五也为一也，故能乐，乐也者和，和者德也。

虽然，好义好礼者所闻的"道"究竟是不是"天道"，说文作者未作肯定，但都是"君子道"则无疑。至于好仁和有德者所闻的"道"，说文则明确肯定是"君子道"，亦即是"天道"。如果是这样，那就无异于说，闻天道而悦，好仁者也，闻天道而乐，有德者也。这就出现一个问题，本来，就闻而知之来说，所闻和所知并不是一回事，所闻是直接经验，在闻的基础上进而知之的内容，则是天道。但在说文 28 中，所闻和所知都是道，都是君子道，都是天道，闻之和知之便没有分别了。

就闻声和知天道的关系而言，在古老文化中并不陌生，如春秋时代单襄公所说"吾非瞽史，焉知天道"。可见瞽史在古代被认为是能知天道的人，且能由天道以占人事。瞽是盲人，故以耳闻"音乐风气"来通晓阴阳天时，这是"闻而知之，圣也，圣人知天道也"的最初含义。古代所谓天道，最先是指天之星辰运行的路径轨迹，后变成天象的法则、天人变易的法则。《五行》篇是战国时代的思想，经部作于战国前

---

⑤ 按经文所谓不变不悦、不悦不戚，其悦指内心之悦，非形于外的悦。说文此章所谓悦、畏、恭，则指形于外者而言，盖顺就经 28 的说法而然。

期，说部作于战国中期，故篇中的圣人闻而能知天道的思想应当早已脱离神秘思维，体现了新的思考。如说文28，"道也者，天道也，言好仁者之闻君子道而以之其仁也"，以之仁也，即用以行仁。这就是说，虽然"道"是"天道"，但君子闻道而后用以行仁行义行礼行智，故天道的内容和闻天道的结果是引向各种德行的实践，在这里已经并没有任何神秘的含义了。这样的天道，是极高明而道中庸的，它既是天之道，又体现在人的道德实践和精神境界中。这样，天道和人道已经被贯通、联接起来了。

最后，再来看几种其他有关天道的说法：

"德，天道也。"天道也者，已有弗为而美者也。（说9）
"不仁不安。"仁而能安，天道也。（说13）

在这两种说法中，天道都指某种境界，在第一种说法里，天道代表"已有弗为而美者"，这是指有德者自己有德而不自以为美的一种境界。在第二种说法里，天道代表"仁而能安"，即有内在的仁德而且内心安详的境界。

这样的境界就是一种和而乐的天德境界，即经文11所谓"不仁不安，不安不乐，不乐无德"⑥。经文至少四次提到这组观念，《五行》篇说文也很重视这种境界。我们先来看"和"。说文在解释经文"四行之所和也。和则同，同则善"时，对

---

⑥ 经文对安、乐的强调，在先秦儒家少见，直到宋明儒学，才在佛道的刺激下重新重视安乐的境界。

"和"与"同"分别作了诠释：

> "和则同"，和者，有犹五声之和也。同者，□约也，与心若一也，言舍夫四也，而四者同于善心也。同，善之至也。（说 19）

同是一致，和是和谐。所以四行同是善之至，五行和是德之至，在这个意义上，和是比同更高的境界：

> "五行之所和，和则乐"，和者，犹五声之和也。乐者，言其流体也，机然忘塞也。忘塞，德之至也。（说 18）
>
> "不乐无德"，乐也者流体，机然忘塞。（说 13）

"和"表示五行配合得当而完美，犹如音乐的五声之和。这里的五行之所和，是指五行形于内的和，即各种德性的充实完美。和则乐，是指德性的充实完美就会带来精神的乐，这种乐是一种流行无碍的自得境界。

由于"德，天道也"，所以这样的境界我们可称为天德境界。我们记得，在说文的一开始，就曾这样讲过：

> 一也者，夫五夫为心也，然后得之。一也，乃德已。德犹天也，天乃德已。（说 7）

这和上引说文最后的"好德者之闻君子道而以夫五也为一也，

故能乐,乐也者和,和者德也",相为终始,也可以互为说明,表示于好仁者以之行仁,好义者以之行义,好礼者以之行礼等不同,好德者不是只行一种德行,而是五行和合为一,以五为一就能乐和而德,达到天德的境界。

四　舍体说

帛书《五行》篇经文提出"慎其独",但无说明,说文部分对此作了较多解释,且很有特色,涉及早期儒家的功夫论。

经文7中两次引《诗》而论慎独:

"鸤鸠在桑,其子七兮。淑人君子,其仪一兮。"能为"一",然后能为君子。君子慎其独也。
"婴婴于飞,差池其羽。之子于归,远送于野。瞻望弗及,泣涕如雨。"能"差池其羽",然后能至哀。君子慎其独也。

经文在对第一首诗的运用中,很强调"一",把慎独看作达到"一"的途径。说7对于第一句引诗的处理,也是先解释"其仪一也"和"能为一",然后解释"慎其独"说:

"君子慎其独。"慎其独也者,言舍夫五而慎其心之谓□。(独)然后一,一也者,夫五夫为□心也,然后得之。

一也，乃德己。德犹天也，天乃德己。⑦

为集中起见，我们先来看慎独的讲法，把一、德、天的问题放在后面讨论。根据这里的说法，"慎其独"主要是指"慎其心"的功夫，而慎其心的功夫是以"舍夫五"的方式进行的。关于"独"和"舍夫五"，说 7 在这里并无解释，但在该章的最后总结慎独说时指出：

独也者，舍体也。

可见说文的特点是以"舍体"解释慎独。此处的"舍体"应即是上面所说的"舍夫五"；"独"当然是指"慎独"的独。魏启鹏认为慎当训为顺，可从。⑧ 同时，照这里所说，舍体是"独"的方式，也是独的结果。根据舍体的说法，可知"舍夫五"的"五"当指身体的五官，五官为小体，故称舍体，这种"舍夫五而慎其心"的功夫就是舍去五官的各自悦好而专顺其心。顺其心即顺其心之所好，心所好乃为仁义（说 22 言"心也者，悦仁义者也"，参本文第六节"大体说"）。在这个意义上，慎其独就是顺其心，就是舍去其他的知觉所好而专顺一心。⑨

---

⑦ "之谓"后缺字，魏启鹏补作"独"。"然后一"前"独"字原脱，庞朴与魏启鹏皆补作"独"。1980 年本（文物出版社 1980 年出版《马王堆汉墓帛书（壹）》）原文"夫五夫为□也也"，魏启鹏以为有脱衍，订为"以夫五为一也"。

⑧ 见魏启鹏《〈德行〉校释》，巴蜀书社，1991 年，第 11 页。

⑨ 这里的分析稍涉复杂，如果"独"就是舍体，则"独"在这里成为动词。但若"慎其独"的"独"也是用作动词，则"慎"便是副词了。而且，既然"慎其独"即"慎其心"，则"独"似乎便可说是"心"了。而照以上所说，舍体之独并不是心，是舍去五官作用而后仅仅守其心。此外，独然后一，则慎独以一为目的。

说8也谈到舍体：

> "君子之为德也，有与始，无与终。"有与始者，言与其体始；无与终者，言舍其体而独其心也。

虽然说8并非专门解释慎独，但处处与"体"有关，而这里的"舍其体而独其心"明显就是说文作者对慎独的理解。在以上两段中，"独也者，舍体也"，表明独和舍体有关，"舍其体而独其心也"，表明舍其体和独其心密切关联，可见独和舍是一体的两面。换言之，这里对慎独的理解包含两方面，即舍其体和独其心。所以，"舍夫五而慎其心"，也就是指"舍其体而独其心"，这两句话是完全对应的："舍夫五"就是"舍其体"，舍在这里是舍去，体是指身体五官，⑩舍体就是不让身体五官的作用影响心；"慎其心"与"独其心"一致，独其心即独从其心之所命、独从其心之所好。也就是使心独自地、不受身体五官影响地发挥其功能。从语词上来说，在"独其心"这里，独成为动词，与经文"慎其独"的"独"字的用法已有了差别，这是诠释的结果。同时可见，"体"与"心"相对，而五行并不是体，故"舍其体"的意思肯定不是舍五行；"舍夫五"既然是舍去，又是舍体，所以舍夫五是不能解释为五行和合的。

以上主要分析了说文对经文7第一句"能为'一'，然后能为君子。君子慎其独也"的解说。其实，经文7的第二句"能

---

⑩ 魏启鹏云："此处体与心对举，体即耳目鼻口手足六者。"《〈德行〉校释》，巴蜀书社，1991年，第32页。

'差池其羽',然后能至哀。君子慎其独也",也是讲慎独的,说文 7 对此的解释是:

> 差池者,言不在衰绖;不在衰绖也,然后能至哀。夫丧,正经修领而哀杀矣。言至内者之不在外也,是之谓独。独也者,舍体也。

这是说,诗的意思是,参加丧礼或其他从事守丧活动,不把心思放在丧服的形式上,才能完全表达出哀痛的心情。若把心思放在讲究丧服的形式上,哀心就势必减弱了。所以,人不要把注意力放在外部,而要把注意力集中在内心,这就是慎独。五官是向外的,舍去五官向外的知觉作用,转向内心,这就是慎独。这与对第一句诗文的解释在精神上是一致的。由此可知,慎独舍体的功夫是以"内—外"关系为焦点,以求内不求外为导向的。同时也可见,仅仅是专一,不能充分说明慎独之义,专一必须是专诚于内心,专心于内;仅仅使心独自地、不受身体五官影响地发挥其功能,也还不够,还必须明确慎独是不受五官影响而专心于内,才是慎独。所以我们必须把说文对经文的两次引诗的解释结合一起,才能更全面理解说文关于慎独的思想。⑪

根据以上的解释,《五行》说文的"慎其心"的心概念,在

---

⑪ 关于《五行》的慎独说,已有若干讨论,可参看"简帛研究网"所载梁涛与钱逊的文章。庞朴曾引《荀子·不苟》《礼记·中庸》《礼记·大学》《礼记·礼器》各篇慎独之说,并指出"儒书屡言慎独,所指不尽相同"。见其《帛书〈五行〉篇评述》,载《竹帛〈五行〉篇校注及研究》,万卷楼图书有限公司,2000 年,第 164 页。

这里特指道德心，其慎独功夫强调专诚向内，排除感官的向外追求，这些与《孟子》书中的思想是一致的。

以上我们清理了说文关于"慎其独"的思想。现在我们回到"一"的问题上。事实上，由于说 7 中关键字缺损甚多，关于"一"的问题已成为说文中比较费解的问题。

说 7 首先解释引诗"其仪一兮"：

> 鸤鸠在桑，直之。其子七也，鸤鸠二子耳，曰七也，兴言也。（淑人君子），其（仪一兮），（淑）人者□，（仪）者义也，言其所以行之义之一心也。⑫

这是把"其仪一兮"的"仪"解释为义，解释为行义之心；把"其仪一兮"的"一"解释为一心，一心即心之专一；认为"其仪一兮"整句话是指心专一于义。事实上，以专一解释此诗的意旨是汉代学者的共识。⑬ 有学者把这个"一"解释为五行合一，这实际上

---

⑫ "淑人君子"至"仪"字，阙字皆庞朴所补，见其所著《竹帛〈五行〉篇校注》，载《竹帛〈五行〉篇校注及研究》，万卷楼图书有限公司，2000 年，第 39 页。

⑬ "其仪一兮"诗句出自《诗经·曹风》，古书常见称引。与本篇说文解释相近者，如《说苑·反质》："《诗》云：'尸鸠在桑，其子七兮，淑人君子，其仪一兮。'传曰：'尸鸠之所以养七子者，一心也。君子之所以理万物者，一仪也。以一仪理物，天心也。五者不离，合而为一，谓之天心。在我能因，自深结其意于一。故一心可以事百君，百心不可以事一君。'"又，《毛诗·鸤鸠序》曰："鸤鸠刺不一也，在位无君子，用心之不一也。"《集传》："诗人美君子之用心，均平专一。"皆以"专一"释此诗。以上诸说分别引自庞朴《竹帛〈五行〉篇校注及研究》，万卷楼图书有限公司，2000 年，第 41 页；魏启鹏《〈德行〉校释》，巴蜀书社，1991 年，第 30 页。

是把"一"解释成为"和"。⑭ 但我们知道，诗中的"其仪一"是相对"其子七"而言，即"一"是相对"七"而言；故后来的诗传也都把这里的"一"解释为相对于众多的单一，专一之一亦由乎此而来。而相对于众多的"单一"，与多样性的"合一"，二者是不同的。因此，从"一心"的提法来看，如果这里是指专一于行义的心，就不能是五行和合的心，而且五行和合并不就是心。何况，经文若要强调"和"，没有必要借助"一"来表达，正如经文已经多处使用的"五行之所和""四行和"等；另外，以当时人对《诗经》称引的高水平来看，经文若要引诗表达五行之"和"，也决不会引含"一"字的诗，必然会引含"和""同"字的诗。说文对此应当是了解得很清楚的，所以说文的解释中也没有出现"和"。

以下接着解释"能为一"：

"能为一然后能为君子。"能为一者，言能以多（为一），以多为一也者，言能以夫（五）为一也。⑮

诗赞美了"一"，经文要人们在实践中做到一。那么，什么是一，人怎么能做到一？说文指出，"一"与多相对，一就是以多为一，以多为一也就是化多为一。而联系此句下紧接的论慎独的"舍夫五而慎其心"的说法来看，这里的"多"具体来说当

---

⑭ 以一为五行和的观点可见于庞朴《竹帛〈五行〉篇校注》，载《竹帛〈五行〉篇校注及研究》，万卷楼图书有限公司，2000年，第41页。池田知久亦以"一"为仁义礼智圣五行的调和、统一，及自心的一体化状态，见其所著《马王堆汉墓帛书五行篇研究》，汲古书院，1993年，第213、226页。

⑮ 1980本已补"五"字。

是指"五",故以多为一即"以夫五为一"。"五"指五官,心之所用者五官,"能为一"就是使五官所用专于一。可见,"能为一"就是使心之诸多所用皆专一于一处。这合于汉儒对此诗的解释。也有学者主张把五解释为五行,然而,"能为一"是从"其仪一兮"而来的,如果"其仪一兮"的"一"是专一,则"能为一"的"一"当然也是专一。从而专一一心所相对的多或五,就不能是五行,也就不可解释为五行和合。⑯ 同时,要了解这个"一",还需要与"独"联系起来,把"为一"和"慎独"联系起来。经文说"能为一,然后能为君子。君子慎其独也"。可见,一和独是相通的概念,根据前面所作的分析,一是指心的专一,独是指心的独自主宰,而一和独都是为了使精神从外转向内,专注于内心。⑰

---

⑯ 说文最后一章即说28中有一处以五为一的说法:"'闻道而乐者,有德者也'。道也者,天道也。言好德者之闻君子道而以夫五也为一也,故能乐,乐也者和,和者德也。"(说28)这里的"以五为一"应当不是指专一,这里的"以夫五为一"可以理解为单一化、同一化。庞朴认为这里解释好德者的"以夫五为一"和前面解释能为一的"以夫(五)为一",都是指以仁义礼智圣五行和合为一,五行和合为德。然而,解释必须内在于上下文的脉络,从这点来看,庞朴这种五行和合的解释作为"闻道而乐"的说明是合理的;但作为"能为一"的说明,则和说7本身的"一心"的解说似不合。"能为一"的"一",就是"其仪一兮"的"一",故说文用来解释"其仪一兮"的"一"的"一心",也必然主导着"能为一"的"一"的解释。这个一就是一心一意的专一。所以,我们不能无条件地用说28的讲法来为说7补字并解释说7的意思。

⑰ 说文又说:"舍夫五而慎其心之谓□。(独)然后一,一也者,夫五夫为心也,然后得之。"在这里,"独"字是今人所补,若所补无误,"独然后一"应是指只有心独自地、不受五官影响地发挥作用,才能做到一。"独然后一"的"一"是什么呢?"一也者,夫五夫为心也",按后句不通,魏启鹏认为应作"以夫五为一也",这应是依据上文"能为一者,言能以多(为一),以多为一也者,言能以夫(五)为一也"而推定的,然而,其所依据的"言能以夫(五)为一也"句中之"五"字已经是学者根据说文最后一章(350行)所补,故此说究嫌改字过多,原文究竟如何,仍难确定。

由于慎独是为"一"服务的,所以说文在论释慎独之后,又谈到一:

> (独)然后一,一也者,夫五夫为□心也,然后得之。一也,乃德己。德犹天也,天乃德己。

独是舍去五官向外的作用,所以能慎独自然就能促进一。照这一段的说法,独而后"一",一乃是德,德即是天,在这个意义上,一不是认知的状态,而是标志德的境界,而且,德体现了天,天体现于德,德和天是一致的。然而,如果我们前面对"一"的解释无误,那么说文在这里显然有一种跳跃,即把"一"等同于"德",而这在前面的论述中是不能直接推出来的。我们只能说,人能排除感官向外的作用,专注于内心,这种慎独所得的内心状态也就是"德之行"五者和而未分的状态(也就是中庸所谓的未发),亦即德的状态。(当人诉诸行为的时候,五行必然分化,行义便是行义之心,行仁便是行仁之心。)五行形于内而协和,体现了天道的和谐,故说德合于天道。这里出现的跳跃也应是庞朴等以"五行和"解释"一"的缘由所在,即,从"一"直接等同于"德"的结论,向前追溯,用"德"去解释前面的"一"和"舍五"。其实,在竹简古文献中这种跳跃很为常见,古人的文字亦不注重逻辑,我们必须把其中的跳跃弥补出来,而不是无视它所预设的中间过程,简单地利用其结论。在解释实践上,重要的是我们必须在一个概念出现的具体上下文环境中来认识其意义,而后考虑如何在整体上加以贯通。

最后，我们想指出，上面所说的"一"与"同"亦有类似处：

> 同者，（犹）约也，与心若一也，言舍夫四也，而四者同于善心也。同，善之至也。（说19）

约是通约、减省，也是化多为少的意思。这句话本来是讲四行和、和则同，照这个讲法，同是指四行的同，同也是与舍有关的，同就是舍夫四而达到"同"于善，就是说，在"同"的境界上，四行不再分别，不再分别就是舍去分别，而不再分别也就是一（与心若一），亦即达到浑然之同的善心，亦即一浑然整体不分化的心。在说文这里，"四行和"的"四行"是指形于内的仁义礼智，仁义礼智如皆形于内，便不是彼此分离的个别德性，而内在地共同构成了善心。这个善心是一体化的道德意志。

应当承认，经文和说文的慎独、为一的说法都比较复杂，不易得到明确理解，这应当既是孟子后来放弃此类说法的原因，也是思、孟受到荀子批评的重要原因之一。

五　仁义说

在郭店楚简出土以前，人们对《五行》的经、说是放在一起进行研究的。郭店楚简《五行》公布之后，人们发现简本《五行》有经而无说，因而意识到经文和说文并不是同时完成的，说文晚于经文，于是开始将二者加以分别，进行比较研究。其实，竹简《五行》和帛书《五行》的文献差别，不仅是前者有经无说、后者有经有说，而且在文字和顺序上，竹简《五行》与帛书《五行》经部两者之间也有重要差异。此外，郭店楚简公布之后，学者通过楚简《五行》和帛书《五行》的文本比较，也揭示出简本与帛本在思想重心上的差别。如有学者在检查了二本依违情况后指出，竹简《五行》和帛书《五行》之间的不同，不是文字多少和篇幅大小的问题，而是思想观点的轻重转移的问题。[18] 并指出，竹简前半较为注重对圣智仁的论述，而帛书说文作者将仁义联结，重视仁义甚于圣智，与经文崇圣的观点明显有了出入；简本经文主张"圣"为"五行之所和"，帛本经文则缺此一小节，而被说文补为"仁义，礼乐所由生"，这不仅偏离经文原意，尤显见推高仁义，故说文更切近孟子观点，与经文有所不同。[19] 此后，其他学者也对此作了进一步探讨，认为在竹简《五行》的论述中，圣智是最重要的，简文以不同形式论证圣或圣智的重要；而在帛书《五行》中，削弱了圣智的重要性，提升了仁义的地位。[20] 由此可见，竹简《五行》和帛书《五行》的差别，不仅是文献学意义上的文本差别，而且包含着思想上的差别。

---

[18] 陈丽桂：《从郭店竹简〈五行〉检视帛书〈五行〉说文对经文的依违情况》，载《本世纪出土思想文献与中国古典哲学研究论文集》上册，陈福滨主编，辅仁大学出版社，1999年，第175页。

[19] 同上书，第193、194页。

[20] 李存山：《从简本〈五行〉到帛书〈五行〉》，载《郭店楚简国际学术研讨会论文集》，武汉大学中国文化研究院编，湖北人民出版社，2000年，第244—245页。

竹简《五行》与帛书《五行》经部的文献差别，主要有三点：第一，在一开始的一段论述中，竹简《五行》论述的次序是仁、义、礼、智、圣，而帛书本的次序则改为仁、智、礼、义、圣，使得竹简《五行》中圣、智的固定联结被破坏了；第二，简本第17章的"圣智，礼乐之所由生也"，在帛本改为"仁义，礼乐所由生也"。这样，为简本所强调的作为礼乐根源的"圣智"，就在帛本中变成了"仁义"，其说部更明确说明这是"言礼乐之生于仁义"。第三，简本18章的"仁，义礼所由生也"，在帛本改为"仁义，礼智所由生也"，既强调了仁义联结的重要，又把智置于礼的后面，使得简本中圣智对仁义礼的优先性完全消失。可以说，帛本总的倾向，是突出仁义说在全篇的优先地位。以此取代或覆盖圣智说在竹简本中的地位。

不仅在经文的文本上帛书说部的作者作了上述变动，更在说文中大量加进仁义的思想，这是帛本与简本之间具有首要意义的根本差别。

说 18：

"仁义，礼乐所由生也"，言礼乐之生于仁义。

如上所说，这是把竹简《五行》的"圣智，礼乐之所由生也"加以改动，在经文文本中加进仁义，而后予以解说，强调仁义对于礼乐的优先性首先是发生学意义上的，即礼乐生于仁义。

类似的调整又见于说19：

> "仁义,礼之所由生也",言礼智之生于仁义也。

帛书把竹简《五行》的"仁,义礼所由生也"改动为帛本经文"仁义,礼智之所由生也",增一"智"字,然后在说文中解释,再次强调仁义对于礼智在发生学上的优先性。

> "乐而后有德,有德而国家兴",国家兴者,言天下之兴仁义也。(说 18)

经文中的"国家兴",与仁义并没有任何关联,而说文则把国家兴解释为天下兴仁义,这是说文作者仁义中心论的积极表现。《论语·泰伯》:"君子笃于亲,则民兴于仁。"《大学》中有"一家仁,一国兴仁"之说,说文可谓发展了这些思想。[21]

> "四行之所和",言和仁义也。(说 19)

这也是再次点明仁义是四行和的重点,突出仁义在四行中的地位。

> "不强不絿,不刚不柔",此之谓也。……此之谓者,言仁义之和也。(说 20)

---

[21] 参看池田知久:《马王堆汉墓帛书〈五行〉篇研究》,汲古书院,1993 年,第 372 页。

经文称引《诗经》，本来没有直接阐述与仁义的关系，说文则根据上下文，指明在这里引用《诗经》的不刚不柔，是主张仁义的中和有度。

"索卢卢达于君子道，谓之贤。"衡卢卢也者，言其达于君子道也。能仁义而遂达于君子道，谓之贤也。(说 21)

在经文中，有关"达于君子道"的叙述根本未提及仁义，说文则把仁义作为君子道的核心，作为君子和贤人的主要德行，提出能仁义才是君子，才是贤人。

最后来看两条主要材料，都见于说21，第一段是：

"君子集大成"者，犹造之也，犹具之也。大成也者，金声玉振之也。唯金声而玉振之，然后己仁而以人仁，己义而以人义。大成至矣，神耳矣。人以为无可为也，无由至焉耳，而不然。

《孟子·万章下》：

孔子之谓集大成。集大成也者，金声而玉振之也。金声也者，始条理也；玉振之也者，终条理也。始条理者，智之事也。终条理者，圣之事也。

说文用金声玉振解释君子集大成，孟子用金声玉振说明孔子集大成，说文与孟子思想完全相同，语言也很接近。经文只说君子集大成，既没有用金声玉振来说明集大成，更没有涉及仁义，而说文一方面用金声玉振来说明集大成的有始有终的系统意义，一方面用仁义说赋予其道德意义。说文特别指出，所谓能有始有终，所谓能从金声到玉振，从道德上说，就是己仁而对人以仁，己义而对人以义，也就是能推己及人来行仁行义。这继承了孔子以"仁"为"己欲立而立人，己欲达而达人"的思想，与孟子思想也是完全一致的。

来看另一段：

"能进之，为君子，弗能进，各止于其里。"能进端，能充端，则为君子耳矣。弗能进，各各止于其里。不藏欲害人，仁之理也；不受吁嗟者，义之理也。弗能进也，则各止于其里耳矣。充其不藏欲害人之心，而仁覆四海；充其不受吁嗟之心，而义襄天下。仁覆四海，义襄天下，而诚由其中心行之，亦君子已。（说21）

请看孟子的相关论述——《孟子·公孙丑上》："凡有四端于我者，知皆扩而充之矣，若火之始燃，泉之始达。苟能充之，足以保四海；苟不充之，不足以事父母。"《孟子·离娄上》："圣人既竭目力焉，继之以规矩准绳，以为方员平直，不可胜用也。既竭耳力焉，继之以六律正五音，不可胜用也。既竭心思焉，继之以不忍人之政，则仁覆天下矣。"《孟子·万章上》："不藏怒焉。"《孟子·尽心下》："人能充无欲害人之心，而仁不可胜用也。""人能充无受尔汝之实，无所往而不为义也。"

说文"能进端，能充端"与孟子四端扩而充之的说法是一致的。说文"不藏欲害人，仁之理也"，"充其不藏欲害人之心，而仁覆四海"；与孟子"不藏怒焉""人能充无欲害人之心，而仁不可胜用也"也是一致的。说文"仁覆四海，义襄天下"的说法和孟子"继之以不忍人之政，则仁覆天下矣"也是一致的。

最后一句"诚由其中心行之，亦君子矣"，其"诚"的概念可衔接于《孟子》中的诚论，而"由其中心行之"，正是点明《五行》篇强调德行应从中心流出而行之的内在论道德立场。

子思作《五行》经部，过于强调圣智之思，在客观上有偏重天道而淡化仁义的倾向，此孟子不得不有所矫之也。子思之圣人观偏于智知，而孟子圣人观强调善仁，《孟子·离娄上》曰："圣人，人伦之至也。"众所周知，孟子思想以仁义为中心，最为推崇仁义，帛书说文在这一点上与孟子是完全一致的。

六　大体说

帛书《五行》说文的大体小体论，也与孟子思想相同。见于说22：

> "耳目鼻口手足六者，心之役也。"耳目也者，悦声色者也。鼻口者，悦臭味者也。手足者，悦佚愉者也。心也者，悦仁义者也。此数体者皆有悦也，而六者为心役，何也？曰：心贵也。有天下之美声色置此，不义，则不听弗

视也。有天下之美臭味置此,不义,则弗求弗食也。居而不间尊长者,不义,则弗为之矣。何也?曰:几不胜也,小不胜大,贱不胜贵也哉!故曰心之役也。耳目鼻口手足六者,人体之小者也;心,人体之大者也,故曰君也。

经文指出耳目鼻口手足六者和心的关系是被使役者与使役者的关系。说文认为,心贵于六者,心是使役者,支配六者的活动,六者是被使役者,服从于心的指挥。心与六者都是"体",心是人体之大者、贵者,可称为大体,六者是人体之小者、贱者,可称为六体。心与六者的这种关系,特别体现在六者之所悦必须服从心之所悦,说文作者认为,耳目等六者追求的是对于感性对象的悦乐,而心的特点是悦仁义,即道德理性,六体的审美活动是在心悦仁义的主导下,如果享受感性的悦乐有违于道德理性,心就会加以制止。

《孟子·告子上》:

> 口之于味也,有同嗜焉;耳之于声也,有同听焉;目之于色也,有同美焉;至于心,独无所同然乎?心之所同然者何也?谓理也,义也。圣人先得我心之所同然耳。故理义之悦我心,犹刍豢之悦我口。

> 体有贵贱,有小大,无以小害大,无以贱害贵。养其小者为小人,养其大者为大人。……从其大体为大人,从其小体为小人。……耳目之官不思,而蔽于物,物交物,则引之而已矣。心之官则思,思则得之,不思则不得也。

此天之所与我者。

虽然,《五行》所论基于个体的人,《孟子》所论重在不同个体的同然,但《五行》说文的基本思想,完全同于孟子,其论心悦仁义,即孟子所谓礼义之悦我心;其论体之小不胜大,贱不胜贵,论体之小者和体之大者,与孟子体有贵贱、有小大及大体小体之说完全相同。

又如《尸子·贵言》篇:

> 目之所美,心以为不义,弗敢视也。口之所甘,心以为不义,弗敢食也。耳之所乐,心以为不义,弗敢听也。身之所安,心以为不义,弗敢服也。然则,令于天下而行,禁焉而止者,心也。故曰:心者,身之君也。

孔子早有"不义而富且贵,于我如浮云"的思想,此种思想在战国时代也颇多见,[22] 而《尸子》的这些说法与《五行》相当一致,很可能受到了《五行》思想的影响。至于心为君的说法,《管子·心术上》提出"心之在体,君之位也",其年代当与孟子接近或在孟子前,故可知这种说法在战国前期已经流行。

> "和则同。"和也者,小体变变然不患于心也,和于仁义。仁义,心也。同者,与心若一也。□约也,同于仁义。

---

[22] 可参看池田知久:《马王堆汉墓帛书〈五行〉篇研究》,汲古书院,1993年,第495页。

> 仁义，心也，"同则善"耳。（说 22）

这里指出，所谓"和"，就是小体不患于心，而和于仁义。特别是，这里还提出"仁义，心也"，这是很有标志意义的命题。传统德行论可以说以"仁义，行也"的思想为之预设，故说文以仁义为心的思想强调化德行为德性，正是对于传统德行论的重要进步。

让我们再来看一段论仁义之心的材料，见于说 23：

> 循草木之性，则有生焉，而无好恶。循禽兽之性，则有好恶焉，而无礼义焉。循人之性，则巍然知其好仁义也。不循其所以受命也，循之则得之矣，是侔之已。故侔万物之性而知人独有仁义也，进耳。……文王源耳目之性而知其好声色也，源鼻口之性而知其好臭味也，源手足之性而知其好佚愉也，源心之性则巍然知其好仁义也。故执之而弗失，亲之而弗离，故卓然见于天，箸于天下，无他焉，侔也。故侔人体而知其莫贵于仁义也，进耳。

学者往往把《五行》此段和《荀子·王制》"草木有生而无知，禽兽有知而无义，人有气有生有知亦且有义，故最为天下贵也"相对照，㉓ 其实，这里的思想在根本点上与荀子不同。《荀子·劝学》说"目好之五色，耳好之五声，口好之五味，心利之有

㉓ 如池田知久：《马王堆汉墓帛书〈五行〉篇研究》，汲古书院，1993 年，第 513 页。

天下",以心之所好为有天下;而《五行》说文则明确指出人之性好仁义,这与荀子完全不同。而且《五行》说文认为万物中只有人之性有仁义,并指出人之性也就是人心之性,这显然是上述心悦仁义说在人性论方向上的发展,是与孟子性善论思想相契合的。虽然《五行》篇中没有出现"性善"的说法,但我们可以说,在这里,人性善的说法已经呼之欲出了。

七 《五行》与《孟子》

在上面两节中,我们已经看到了帛书《五行》说文与孟子思想的相通相合,文语的相似相近,在这一节里,我们再综合地举出一些例证,以呈现出《五行》说文和孟子的密切关联。㉔

《五行》经文主张仁义礼智圣五行,此种五行说亦可见于《孟子》:"口之于味也,目之于色也,耳之于声也,鼻之于臭也,四肢之于安佚也,性也,有命焉,君子不谓性也。仁之于父子也,义之于君臣也,礼之于宾主也,智之于贤者也,圣人之于天道也,命也,有性焉,君子不谓命也。"(《孟子·尽心下》)可见五行之说对孟子而言并不陌生。帛书说文首章的五行次序为仁、智、义、礼、圣,《孟子·公孙丑上》"不仁、不智、无礼、无义,人役也"。以仁、智、礼、义为序,亦非处处以仁、义、礼、智为序。

㉔ 魏启鹏亦承认:"《德行》篇与今本《孟子》有很多可以互相印证之处,校释和研究《德行》篇,离不开《孟子》。"《〈德行〉校释》,巴蜀书社,1991年,第105页。至于孟子和子思,可参看王博《孟子与〈五行〉》,载氏著《简帛思想文献论集》,台湾古籍出版有限公司,2001年。

《五行》说文提出仁气、义气等德气说，与这种德气说相近的还是孟子的浩然之气说：

> 敢问何谓浩然之气？曰：难言也，其为气也，至大至刚，以直养而无害，则塞于天地之间。其为气也，配义与道，无是，馁也。是集义所生者，非义袭而取之也。行有不慊于心，则馁矣。我故曰，告子未尝知义，以其外之也。（《孟子·公孙丑上》）

在孟子看来，浩然之气不是自然世界的元素，而是人之身心的一种与义与道配合而发的气。换言之，这是一种德气，更准确地讲，或用《五行》说文的语言讲，浩然之气就是"义气"。这种气不是外在的东西，而是人之身心内部所生，孟子正是用这种内在的浩然义气反驳告子的义外之说。而《五行》经部提出五行形于内，正是强调德行应当由内而发；说部的"义气"等说，也正是把"义"等德行说成内气向外的流行。孟子思想的方向与《五行》经、说是一致的。

经文讲"明则见贤人，见贤人则玉色，玉色则形"，说文多次强调"色然"，这在孟子中也有类似表现，如《孟子·告子下》"困于心，衡于虑，而后作；征于色，发于声，而后喻"，《孟子·告子下》"有诸内，必形诸外"。前一条讲的是从心发于色，后一条讲的是从内形之外。《孟子·尽心上》："仁义礼智根于心，其生色也，睟然见于面。"《孟子·滕文公上》："中心达于面目"，都是讲根于心而形之于外的色然。

说 12：

"不尊不恭"。恭也者，（用上）敬下也。"恭而后礼"也，有以礼气也。

"敬下"前二字原缺，整理者补"用下"，如果所补无误，则与孟子同，《孟子·万章下》"用下敬上，谓之贵贵；用上敬下，谓之尊贤"。

经文 14 说"中心悦焉，迁于兄弟"，说文 14 "人无悦心也者，弗迁于兄弟也"。《孟子·告子上》曰："吾弟则爱之，秦人之弟则不爱也，是以我为悦者也。"这里也可以看出它们都是同一时代的用法。

说文 13："'不智不仁'，不知所爱则何爱？言仁之乘智而行之。"《孟子·尽心下》"仁者以其所爱，及其所不爱"，两者的用法有接近之处。

说文 17：

"闻而知之，圣也。"闻之而遂知其天之道也，圣也。
"见而知之，智也。"见之而遂知其所以为之，智也。

《孟子·尽心下》也用"见而知之"和"闻而知之"作对比，并以之区分圣贤人物："由尧舜至于汤五百有余岁，若禹、皋陶则见而知之，若汤则闻而知之。由汤至于文王五百有余岁，若伊尹、莱朱则见而知之，若文王则闻而知之；由文王至于孔子五百有余岁,若太公望、散宜生则见而知之,若孔子则闻而知之。"表面上看,见而知之是指亲见圣人之道,闻而知之是指圣人已去甚远,唯闻前圣所行之道;⑳但在《五行》篇的对照下,我们很容易知道,这包含着以尧、舜、汤、文王、孔子为闻而知之的圣,以皋陶、伊尹、莱朱、太公望、散宜生为见而知之的贤的意义。这与《五行》的问题意识是相同的,表明孟子对《五行》的话语的熟悉。如果没有《五行》篇的出土,孟子的这段话就很难全面理解,事实上,汉唐宋明儒者都因未曾见《五行》而不能对此段给予完整的解释。

说 15:

"中心辨焉而正行之,直也。"有天下美饮食于此,吁嗟而予之,中心弗迷也。恶吁嗟而不受吁嗟,正行之,直也。

《礼记·檀弓下》:"齐大饥,黔敖为食于路,以待饿者而食之。有饿者蒙袂辑屦,贸贸然来。黔敖左奉食右执饮曰:嗟,来食!扬其目而视之,曰:予唯不食嗟来之食,以至于斯也。从而谢焉。终不食而死。"《孟子·告子上》:"一箪食,一豆羹,得之则生,弗得则死;呼尔而与之,行道之人弗受;蹴尔而与之,乞人不屑也。万钟则不辨礼义而受之,万钟于我何加焉?"《孟子·滕文公上》:"不直则道不见,我且直之。"可见说文"恶吁嗟而不受"与孟子所说"呼尔而与之,行道之人弗受"是相

---

⑳ 参看焦循:《孟子正义》下,中华书局,1987年,第1034页。

同的。

说 15：

> 简也者，不以小爱害大爱，不以小义害大义也。见其生也，不食其死也，然亲执诛，简也。

《孟子·梁惠王上》："君子之于禽兽也，见其生不忍见其死。"
《大戴礼记·小辨》："夫道不简则不行，不行则不乐。"

经 21：

> 君子知而举之，谓之尊贤；君子知而事之，谓之尊贤者也。前，王公之尊贤者也；后，士之尊贤者也。

《孟子·万章下》："士之尊贤者也，非王公之尊贤也。""后举而加诸上位，故曰：王公之尊贤者也。"《五行》经、说所说的王公之尊贤，与士之尊贤，文句用法与《孟子》所说完全相同。

说 21：

> "前，王公之尊贤者也；后，士之尊贤者也。"直之也。

《孟子·滕文公上》："不直则道不见，我且直之"。

说 15：

> "贵贵，其等尊贤，义也。""贵贵"者，贵众贵也。贤

贤、长长、亲亲、爵爵，选贵者无私焉。"其等尊贤，义也"，尊贤者，言等贤也，言选贤者也，言足诸上位。此非以其贵也，此其义也。贵贵而不尊贤，未可谓义也。

《孟子·万章下》："用下敬上，谓之贵贵；用上敬下，谓之尊贤。贵贵尊贤，其义一也。"《礼记·祭义》："贵贵尊尊，义之大者也。"《礼记·中庸》："亲亲之杀，尊贤之等，礼所生也。"这些论述都是一致的。

说 16：

"以其外心与人交，远也。"外心者，非有他心也。同此心也。而有谓外心也，而有谓中心。中心者，恶然者也；外心者，其廓然者也。言此心交远者也。

《礼记·礼器》："礼之以多为贵者，以其外心者也。"《孟子·万章下》："敢问交际何心也？孟子曰：恭也。"此处的交际心即外心也。

说 17：

"未尝闻君子道，谓之不聪。"同此闻也，独不色然于君子道，故谓之不聪。

"闻君子道"是《五行》经文和说文中的主要观念，《孟子·尽心下》"未闻君子之大道也"。可见孟子对这一套说法是很熟悉的。

《五行》说文的"圣始天",实即圣知天,与《五行》经文强调的"圣人知天道"的思想相同。《五行》说文 19 认为"所安所行所敬,人道也",以仁义礼为行人道,以圣智为能知天之道。天之道与人之道的分别也见于孟子:"悦亲有道,反身不诚,不悦于亲矣。诚身有道,不明乎善,不诚其身矣。是故诚者,天之道也;思诚者,人之道也。"(《孟子·离娄上》)当然,《孟子》一书著于其晚年,而孟子晚年著书的资源不仅来自《五行》,也来自孔子、曾子、子思等,所以这一段的说法直接来自《中庸》,但与《五行》天道人道的区分也是一致的。

说 24:

> 舜有仁,我亦有仁,而不如舜之仁,不积也。舜有义,而我亦有义,而不如舜之义,不积也。譬比之而知吾所以不如舜,进耳。

《孟子·离娄下》:"舜,人也,我,亦人也。舜为法于天下,可传于后世,我由未免为乡人也,是则可忧也。忧之如何?如舜而已矣。"[26] 二者的提法相当接近。

说 21:

> 君子知而举之也者,犹尧之举舜,汤之举伊尹也。举之也者,诚举之也,知而弗举,未可谓尊贤。

---

[26] 孟子亦引颜渊语:"舜何人也?予何人也?有为者亦若是。"(《滕文公上》)

事之者，诚事之也。知而弗事，未可谓尊贤也。

《孟子·万章上》："尧以天下与舜"，"汤三使往聘之"，可见《五行》中所举的这些历史事例，也都是孟子所熟悉，并在《孟子》书中提到过的。㉗

　　说27：

　　其人施诸人也者，如文王之施诸闳夭、散宜生也。

《墨子·尚贤上》："文王举闳夭、泰颠于罝网中。"《孟子·尽心下》："太公望、散宜生则见而知之。"

　　再如，说文6提到"酉下子"，以他作为"思之形"的例子，《七四本》认为"酉下子疑是柳下惠"，其说是。《孟子》中也几次提到柳下惠，而且都是肯定的，如《孟子·万章下》"柳下惠，圣之和者也"，《孟子·尽心下》"圣人，百世之师也，伯夷、柳下惠是也。……闻柳下惠之风者，薄夫敦，鄙夫宽"。说文11提到孟贲："弗受于众人，受之孟贲，未泄也。"以孟贲为勇士。《孟子·公孙丑上》"夫子过孟贲远矣"，也以孟贲为勇士。可见，《五行》中提到的人物，《孟子》书中往往都有论及。

　　说26：

　　机也者，赞数也。惟有天德者，然后机而知之。

　　㉗ 此类史例，为先秦文献中屡见，如《尸子·仁意》篇所说"尧举舜于畎亩，汤举伊尹于雍人"等。

礼当即几,《易传》:"几者动之微,吉之先见者也。""知几其神乎!"与《五行》的"礼而知之"思想是一致的。天德的说法亦见于《中庸》:"苟不固聪明圣知达天德者,其孰能知之?"孟子学于子思之门人,孟子应当了解《中庸》天德的观念。

说 22:

> 深浅有道矣,故父呼,口含食则吐之,手执业则投之,唯而不诺,走而不趋,是莫敢不深也。于兄则不如是其甚也,是莫敢不浅也。

《孟子·公孙丑下》载:"《礼》曰:'父召,无诺。君命召,不俟驾。'"《礼记·曲礼上》:"父召,无诺,先生召,无诺,唯而起。"《礼记·玉藻》:"父命呼,唯而不诺,手执业则投之,食在口则吐之,走而不趋。"孟子与《五行》说文的作者都很熟悉古礼。

孟子熟悉古礼,他说:"诸侯之礼,吾未之学也。虽然,吾尝闻之矣。"(《滕文公上》)此类说法还可见于他处。其《孟子·滕文公下》曰:"《礼》曰:诸侯耕助,以供粢盛……""孟子闻之,曰:'礼,朝廷不历位而相与言,不逾阶而相揖也。'"(《离娄下》)以及孟子论礼士之不托诸侯,礼庶人不敢见诸侯,论周室班爵禄等,此皆可见孟子熟悉古礼之学。《孟子·滕文公上》曰"上有好者,下必有甚者矣",乃引《礼记·缁衣》之文,楚简《尊德义》篇亦曾引此句。孟子论"诚"与"思诚",引自《礼记·中庸》。《五行》的用语和概念,在先秦书中主要见于《孟子》，其次则见于《礼记》，这也显示出，《孟子》和《礼记》以及礼记类文献的话语系统是有相通之处的，这也很自然，因为孟子"受业子思之门人"，是接着七十子及其后学讲的。

我们已经指出，荀子指责子思、孟子的五行说，谓之"子思唱之，孟轲和之"，如果竹简《五行》是子思所作，那么，很明显，荀子说的"子思唱之"，就绝不是指《中庸》而言，而必是指《五行》经部而言。换言之，用《中庸》的隐微的仁义礼智圣说去证明"子思唱之"是远不够的。由此也可知，荀子说"孟轲和之"，也绝不是指《尽心》篇的一句话，而必另有所指，用《尽心》篇的一句去证明"孟轲和之"是远不够的。既然荀子指名批评子思、孟轲，必有二人明白倡导五行说的作品为之根据，换言之，荀子应看到过帛书《五行》篇的文献，而且他知道此篇乃子思唱之于经，孟轲和之于说，所以他才有这样明确的批评。子思作《五行》的经文，孟子作《五行》的说文，此一子思唱之、孟轲和之的《五行》篇，应是荀子作出如此批评的主要根据。[28] 本文则希望从思想和文句的比照来进一步证明这一点。孟子作《五行》之说文，盖在其中年，则对《五行》说文的分析不仅可以使我们了解孟子前期思想发展的各个侧面，也有助于更深地理解《孟子》书本身的许多提法的背景和来由，更可看出孟子思想的形成也曾借助于古典文本的诠释，从而使我们对孟学的认识更为拓展。同时，由于在我们看来子思和孟子具有被诠释和诠释的关系，这使得所谓"思孟学派"具有了

---

[28] 参看拙稿：《竹帛〈五行〉篇为子思、孟子所作论》。

更加直接的承续关联，从而，有关"思孟学派"的传承和内涵也都可借助《五行》而获得一新的肯定。

本文认为，帛书《五行》篇说部提出德气论以便于说明德行从发端到完成是一内外连续的动力过程。说部强调见而知之和闻而知之必须体现在表情上的尊贤，同时必须达到超越直接见闻的、对事物更深更高的认识。在经文中，天道的问题完全不突出，而在说文中，"天道"成为很突出的观念。说文重视天道观更过于德行论。本文特别指出，说文的"慎其独"就是顺其心，即舍去其他的知觉所好而专顺一心。"舍夫五"就是"舍其体"，舍体就是不让身体五官的作用影响心；"慎其心"与"独其心"一致，独其心即独从其心之所命、独从其心之所好。也就是使心独自地、不受身体五官影响地发挥其功能。慎独舍体的功夫是以"内—外"关系为焦点，以求内不求外为导向的。帛本总的倾向，是突出仁义说在全篇的优先地位，以此取代或覆盖圣智说在竹简本中的地位。最后，本文举出大量例证，以呈现《五行》说文和孟子思想的相通相合、文语的相似相近，以呈现出说部和孟子的密切关联。

2006年8月写于麻州康桥

马王堆帛书《易传》与孔门易学

马王堆出土帛书的《周易》部分，为治中国学术思想的学者所重视。近因帛书《易传》中《系辞》的发表，更引起学界的普遍关注。帛书中的《周易》经文部分《六十四卦》，1984年已由帛书整理小组发表，① 现更有专著出版，加以注释研究。② 帛书《六十四卦》卷后接有解释经文占筮及思想的部分共六篇，按传统的说法，应称为"易传"。③ 除今本《系辞》见于帛书《易传》外，帛书《易传》的其他内容皆为今本所无，故帛书《易传》的发表必将进一步推进易学及中国古代思想的研究。

根据于豪亮、韩仲民、廖名春的文章介绍④，《六十四卦》

---

① 《六十四卦》释文原载《文物》1984年第3期。
② 见张立文《帛书周易注译》，中州古籍出版社，1992年。
③ 李学勤：《从帛书〈易传〉看孔子与〈易〉》，《中原文物》1989年第2期。
④ 于豪亮：《帛书〈周易〉》，《文物》1984年第3期；韩仲民：《帛书〈系辞〉浅说——兼论易传的编辑》，《孔子研究》1988年第4期；廖名春：《帛书〈系辞〉释文校补》，1992年长沙马王堆汉墓国际学术讨论会论文。

之后的《易传》包括六篇，篇与篇之间以墨丁区分：

第一篇，以"二三子问"开头，顶端有墨丁，无篇题，共三十六行，约有二千六百字，暂称《二三子问》篇。

第二篇，以"天尊地卑"开头，至"失其守者其辞屈"，有墨丁，无篇题，此篇含通行本《系辞上》的一、二、三、四、五、六、七、八、九、十、十一、十二章（据朱熹《周易本义》分章），通行本《系辞下》的一、二、三、四章、五章的部分、九章的部分、十二章，不少学者称此篇为"帛书《系辞》"。

第三篇，以"子曰易之义"开头，有墨丁，无篇题，此篇包括通行本《说卦》前三章，通行本《系辞下》的六、七、八章、九章的部分、十、十一章，以及今本《易传》所不见的二千余字，共四十五行，约三千一百字。暂称《易之义》篇。曾有学者称此篇为"帛书《系辞下》"。

第四篇，《要》篇，尾有篇题，有墨丁，一千六百四十八字，《系辞下》的第五章的一部分见于此篇之中。

第五篇，《缪和》篇，有墨丁，有篇题。

第六篇，《昭力》篇，无墨丁，有篇题。五、六篇合计共六千字。

一 帛书与今本《系辞》

今本《系辞》上篇十二章中，第九章"大衍之数"数节不见于帛书，下篇十二章中，自第五章的"子曰：危者，安其位者也"至第十一章，皆不见于帛书《系辞》。今本的这些章节或见于《易之义》,或见于《要》。今本《系辞》中的内容绝大部分皆见于帛书《易传》之中,这使得从前学者断言《系辞》晚出于西汉中期以后的说法不攻自破。⑤ 马王堆出土帛书《易传》证明,今本《系辞》的思想至迟不晚于秦汉之际。⑥

然而,帛书《易传》的出土和发表,也引发了另外一些问题。今本《系辞上》的十二章中,第九章"大衍之数"数节不见于帛书,《系辞下》十二章中自第五章的"子曰:危者,安其位者也"至第十一章,皆不见于帛书《系辞》,而是或见于帛书《易之义》篇,或见于帛书《要》篇。今本《系辞》与帛书《系辞》的这种差别受到了学者的特别注意,并由此引发了有关今本《系辞》形成过程及年代的各种猜测。其中最主要的一种说法,是认为帛书《系辞》是今本《系辞》最原始的本子,今本《系辞》是汉儒把帛书《易传》中《系辞》和其他篇中的部分合并而成。⑦ 更有学者进而提出,帛书《系辞》是先秦道家特别是老子一派的传本,《系辞》本为道家文献,只是由于汉儒将帛书《易传》中其他篇章中有儒家思想的内容并入原始的《系辞》之中,才使得今本《系辞》呈现出儒学的色彩。⑧ 根据这些学者的说法,帛书《系辞》与今本《系辞》的差异是《系辞》本为道家文献的坚强证据。

---

⑤ 代表者如李镜池《周易探源》,中华书局,1978年。
⑥ 马王堆三号汉墓帛书在汉高与汉文之间。
⑦ 陈鼓应:《马王堆出土帛书〈系辞〉为现存最早的道家传本》,《哲学研究》1993年第2期。
⑧ 王葆玹:《从马王堆帛书本看〈系辞〉与老子学派的关系》,《道家文化研究》第一辑,上海古籍出版社,1992年。

虽然帛书《系辞》是迄今所见年代最早的文本，但是，帛书《系辞》及其他各篇乃系抄本，故其又必有祖本。因此，不仅帛书所依据的祖本是否完整而无错遗，尚不能完全肯定，作为抄本的帛书《系辞》与其祖本是否完全相合，也仍是问题。如帛书《系辞》错字、脱字极多，通假字也很多，常见的有象错作马，爻写作教或肴，乾写作键，等等。比较今本与帛书，可明显看出今本与帛书几百处文字上的差异，今本多是本字，帛书本不是本字，帛书本的错字若无今本参校，根本无法改正，且读不通。这也表明，至少在文字上，帛书的祖本与今本所传差异不大。可以肯定地说，二本的差异有不少是抄者的疏忽遗误造成的。

（一）关于今本《系辞上》第九章

现所见帛书《系辞》中缺少今本《系辞》的若干章节，但这还不能作为帛书祖本本来就没有这些章节的证据。如今本《系辞上》有：

> 天一，地二，天三，地四，天五，地六，天七，地八，天九，地十。天数五，地数五，五位相得而各有合。天数二十有五，地数三十，凡天地之数五十有五，此所以成变化而行鬼神也。大衍之数五十，其用四十有九。分而为二以象两，挂一以象三，揲之以四，以象四时，归奇于扐，以象闰。五岁再闰，故再扐而后挂。乾之策二百一十有六，坤之策百四十有四，凡三百有六十，当期之日。二篇之策

万有一千五百二十，当万物之数也。是故四营而成易，十有八变而成卦，八卦而小成。引而伸之，触类而长之，天下之能事毕矣。显道神德行，是故可与酬酢，可与佑神矣。子曰："知变化之道者，其知神之所为乎？"

帛书《系辞》无此章（帛书他篇中亦无），但却保留有开头的一句"天一，地二，天三，地四，天五，地六，天七，地八，天九，地十"。（这一句在帛书《系辞》中不是在第八章论"作《易》者知盗"之后，而是在今本的第十章之后，第十一章之前。）廖名春已指出，帛书第十章和第十一章之间插入的"天地之数"这一句是莫名其妙的，它只能解释为帛书《系辞》的祖本本来是有包括"大衍之数"在内的整个论天地之数及筮数的第九章的，因为，今本《系辞上》中的"天数五、地数五""天地之数""大衍之数"与帛书所存"天一，地二，天三，地四……"的内容是紧密相连而为一体的，⑨ 这一点前辈学者早有论述。⑩

（二）关于《系辞下》第五章

今本《系辞下》第五章后半部：

> 子曰："小人不耻不仁，不畏不义，不见利不劝，不威不惩。小惩而大诫，此小人之福也。《易》曰'屦校灭

---

⑨ 廖名春：《帛书〈系辞〉释文校补》，1992年长沙马王堆汉墓国际学术讨论会论文。

⑩ 参看高亨《周易大传今注》卷五，齐鲁书社，1979年。

趾，无咎'，此之谓也。善不积不足以成名，恶不积不足以灭身。小人以小善为无益而弗为也，以小恶为无伤而弗去也，故恶积而不可掩，罪大而不可解，《易》曰：'何校灭耳，凶'。"

子曰："危者，安其位者也。亡者，保其存者也。乱者，有其治者也。是故君子安而不忘危，存而不忘亡，治而不忘乱。是以身安而国家可保也。《易》曰：'其亡！其亡！系于苞桑。'"

子曰："德薄而位尊，知小而谋大，力少而任重，鲜不及矣。《易》曰：'鼎折足，覆公𫗧，其形渥，凶。'言不胜其任也。"

子曰："知几其神乎。君子上交不谄，下交不渎，其知几乎？几者，动之微，吉之先见者也。君子见几而作，不俟终日。《易》曰：'介于石，不终日，贞吉。'介如石焉，宁用终日，断可识矣。君子知微知彰，知柔知刚，万夫之望。"

子曰："颜氏之子，其殆庶几乎？有不善，未尝不知；知之，未尝复行也。《易》曰：'不远复，无祗悔，元吉。'"

天地氤氲，万物化醇，男女构精，万物化生。《易》曰："三人行，则损一人。一人行，则得其友。"言致一也。

子曰："君子安其身而后动，易其心而后语，定其交而后求。君子修此三者，故全也。危以动，则民不与也。惧以语，则民不应也。无交而求，则民不与也。莫之与，则伤之者至矣。《易》曰：'莫益之、或击之，立心勿恒，凶。'"

帛书《系辞》这一部分作：

> 子曰：小人［不耻不仁，不畏（威）不义，不见利不劝，不］畏（威）不咏（惩），［小］咏（惩）而大戒，小人之福也。《易》曰：构校灭止（趾），无咎也者，此之胃（谓）也，善不责（积）不足以成名，恶不责（积）不足以灭身。小人以小善为［无］益也而弗为也，以小恶［为无伤而弗去也，故恶责（积）而不可］盖也，罪大而不可解也，《易》曰：何校灭耳，凶。君子见几而作，不位（俟）冬（终）日。［《易》］曰：介于石，不冬（终）〔日，贞〕吉，介于石，毋用冬日，断可识矣，君子知物（微）知章，知柔［知刚，万夫之望］。⑪

"小善为"下脱一"无"字；"不位冬日"，"俟"错写为"位"字，"日"字后脱"易"字；"知物知章"，"微"错写为"物"。今本《系辞下》五章的后七节，是以"子曰"所阐发的德义之理释《易》之噬嗑初九、上九，否九五，鼎九四，豫六二，复初九，损六三，益上九的爻辞。帛书《系辞》今存者唯噬嗑初九、上九，豫六二数条。鼎、否、复、损、益五条则见于《要》。可注意的是，帛书《系辞》虽然没有"子曰：知几其神乎"数句，却有"君子见几而作，不俟终日"两句。"君子见几

---

⑪ 帛书《系辞》释文据《马王堆汉墓文物》，湖南出版社，1992年。

而作"显然是承自"几者,动之微,吉之先见者也"一句,整个地是由"知几"的讨论而来。而"不俟终日"又是呼应下句所引《易》曰的"介于石,不终日"。帛书现脱掉了"子曰知几"几句于前,又脱"易"于后,以"子曰"解"易"的格式完全被破坏了。所以帛书的底本应当是有"子曰知几"这几句的。《汉书·楚元王传》载穆王对申公等语:"《易》称'知几其神乎!几者动之微,吉凶之先见者也。君子见几而作,不俟终日',先王之所以礼吾三人者,为道之存故也;今而忽之,是忘道也。"⑫这也说明汉初人所见《系辞》之文,"知几其神"与"君子见几"是连句。

　　帛书《系辞》的这种脱句的现象不少,今本《系辞上》"显诸仁,藏诸用,鼓万物而不与圣人同忧"。帛书《系辞》作"**即**(圣)者仁勇,鼓万物而不与众人同忧",但据廖名春详检帛书照片后发现,帛书"仁"字下有两小字,左为"壮",右为"者","壮"即"藏"字之借,"者"为"诸"字之错,这显然是由抄者后来所补上的。如果帛书抄者未曾看到与今本相同的文字,是不可能补上这两个小字的。⑬此外帛书上篇十二章遗"推而行之谓之通",下篇十二章遗"天下之至健也"等,使得参加整理释文的学者得出结论,帛书的抄者是非常不负责任的。⑭这说明我们不能把帛书抄本的遗脱即视为原始祖本本来如此。

---

⑫ 《汉书》卷三十六《楚元王传》,中华书局标点本,1962年,第1923页。
⑬ 廖名春:《论帛书〈系辞〉的学派性质》稿本。
⑭ 廖名春:《帛书〈系辞〉释文校补》,1992年长沙马王堆汉墓国际学术讨论会论文。

(三)《系辞下》第六、七、八章

今本《系辞下》的第六、七、八章不见于帛书《系辞》篇，而见于《易之义》篇（三十四至四十二行）。从现象上看，有可能是后来并入《系辞》的。但《易之义》中与这三章相应的章节又与今本有较大差异，从而也呈现出其他的可能性，如《易之义》三十四行：

> 子曰：《易》之要可得而知矣。键（乾）川（坤）也者，《易》之门户也。键，阳物也；川，阴物也。阴阳合德而刚柔有体，以体天地之化。又（有）口能敛之，无舌罪，言不当其时，则闲慎而观。《易》曰："聒（括）囊，无咎。"子曰："不言之胃（谓）也。□□□□[何]咎之又（有）？墨（默）亦毋誉，君子美六（其）慎而不自箸（著）也，渊深而内六（其）华（?）……而达神明之德也。"

这一段首尾与今本《系辞下》第六章前部同，但今本作"以体地之撰，以通神明之情"，而帛书《易之义》却在"以体天地之化"和"以达神明之德"之间插了一大段，包括三节"《易》曰……子曰……"的释《易》之文。这三节显然是不合理地插入的，因为"子曰"释易的"慎言"的德行论与"阴阳合德而刚柔有体"的大化论完全是两回事。所以插在这里的释《易》之坤卦六四、六五、上六三爻的文字，当是错简而被抄于此的。

事实上，从《易之义》二十四行起为"坤之详说"，即专论坤卦之义，顺序论坤卦辞，初六、六二、六三、用六。在三十三行论用六："《易》曰：'利永贞'，此川（坤）之详说也。子曰：《易》之要，可得而知矣，键川也者，易之门户也……"就是说，坤之详说部分论坤卦辞、坤初六、六二、六三之后，没有论及六四、六五、上六，便直接论及用六，而且在用六之后立即接上引与《系辞下》第六章相当的那一段，而那一段中又正好插入了一段论六四、六五、上六的三节。由此可知，上引论六四、六五、上六三节本应在论用六之前，而"键川也者，易之门户也。键，阳物也；川，阴物也。阴阳合德而刚柔有体，以体天地之化"应下接"以达神明之德"。帛书或其祖本的这种错简应当是很明显的。

今本《系辞下》第七、八章见于《易之义》的部分，与今本的差别没有第六章那么大，但较今本多出数句，如在今本《系辞下》七章与八章之间多出一句"子曰：涣而不救，则比矣"，第八章与第九章之间，多出一句"□□无德而占，则《易》亦不当"，故廖名春以为六、七、八章在《易之义》中都是称引《系辞》加以改编而成。这个意见亦可以参考。⑮

（四）《系辞下》第九章

帛书《系辞》不仅文字、语句有遗脱，祖本亦可能有错简，或抄者错置竹简。如今本《系辞下》第九章：

---

⑮ 参看廖名春：《帛书〈易之义〉简说》，载《道家文化研究》第三辑，上海古籍出版社，1993年。

《易》之为书也，原始要终，以为质也。六爻相杂，唯其时物也。其初难知，其上易知，本末也。初辞拟之，卒成之终。若夫杂物撰德，辨是与非，则非其中爻不备。噫！亦要存亡吉凶，则居可知矣。知者观其彖辞，则思过半矣。二与四，同功而异位，其善不同。二多誉，四多惧，近也。柔之为道，不利远者，其要无咎，其用柔中也。三与五，同功而异位，三多凶，五多功，贵贱之等也。其柔危，其刚胜耶？

"其初难知，其上易知"，朱子云"此言初上二爻"，"初"即初爻，"卒"即指上爻。朱子释"非其中爻不备"，谓"中爻"指"卦中四爻"，又谓"彖，统论一卦六爻之体"⑯。故此章应自"六爻相杂"论起，顺序论及"初"爻，"上"爻，及"中"爻，最后总以"彖辞"结之。而帛书《系辞》在"君子知物知章，知柔知刚，万夫之望"下接：

　　[若夫杂物撰德，辨]是与非，则下中教不备。初，大要，存亡吉凶则将可知矣。

"教"即"爻"之借，帛书脱落论"初"、论"上"的文句，独留论"中爻"一句，从上下之义来看，应属帛书抄者遗落所致，或错简而成。

　　帛书《易之义》的末尾，即第四十二至四十五行：

---

⑯　朱熹：《周易本义》，中国书店影印本，1987年。

> 《易》之义赞［始反］冬（终）以为质，六肴（爻）相杂，唯侍（时）物也。是故［其初］难知，而上易知也。本难知也，而末易知也。□则初如疑（拟）之，敬以成之，冬（终）而无咎。□□□□□□□□□□□□□□□修道，乡物巽（撰）德，大明在上，正六（其）是非，则□□□□□□□□□ □□占，危哉。□□不当，疑（拟）德占之，则《易》可用矣。子曰知老（者）观六（其）缘（彖）辞，而说过半矣。《易》曰：二与四同［功而异位，其善不同，二］多誉，四多瞿（惧），近也。近也者，嗛（谦）之胃（谓）也。《易》曰：柔之［为道，不利远者，其］要无［咎，其用］柔若［中也。《易》］曰：三与五同功异立（位），六（其）过□□［三］多凶，五多功，［贵贱］之等。

《易之义》所载这一段，基本上与今本《系辞下》第九章相同。这种情况有几种可能：一是《系辞》原无此章，汉儒后将此章并入《系辞》。二是《系辞》本有此章，而错入《易之义》。如前所述，帛书《系辞》本有“若夫杂物撰德，辨是与非，则下中教不备，初，大要，存亡吉凶则将可知矣”，故第九章此句的前后部分脱落，是完全有可能的。三是帛书《系辞》本有，而《易之义》只是引述《系辞》。廖名春认为，《易之义》“乡物巽德，大明在上，正其是非，则……”与帛书《系辞》所存九章的一句相重，又在“知者观其彖辞”前冠以“子曰”，在论“二与四”与“三与五”时均加“易曰”，中间又夹有“拟德占之则易可用矣""谦之胃也"等句,这说明《易之义》是引用已有的权威性易传之说⑰,而并不能说明这些内容是《易之义》作者自己的叙述,也不能证明原始的《系辞》中没有这一章。

最后谈一下今本《系辞下》五章最后三节见于《要》篇的部分。《要》篇第九行:

□□□□□□□□子曰:"吾好学而毚(才)闻要,安得益吾年乎?吾□焉而产道,□焉益之,□而贵之,难□〔危者安其〕立(位)者也,亡老(者)保〔其存者也,乱者有其治者也,是故〕君子安不忘危,存不忘亡,治不〔忘乱,是以身安而国〕家可保也。《易》曰'六(其)亡六(其)亡,系于枹(苞)桑'。"夫子曰:"德溥(薄)而立(位)莫(尊),筮而知吉与凶,顺于天□□鲜不及。《易》曰:"鼎折足,复公莡(觫),六(其)刑(形)屋(渥),凶。'言不胜任也。"夫子曰:"颜氏之子,六(其)庶几乎?见几又(有)不善,未尝弗知;知之,未尝复行之。《易》曰'不远复,无萁(只)诲(悔),元吉'。天地絪(缊),万勿(物)润,男女购(构)请(精)而万物成。《易》〔曰〕'三人行,则损一人,一人行,则得六(其)友',言至(致)一也。君子安六(其)身而后动,易其心而后評,定位而后求,君子修于此三者,故存也。危以动,则人弗与也;棘(无)立(位)而求,则人弗予

---

⑰ 廖名春:《帛书〈易之义〉简说》,《道家文化研究》第三辑,上海古籍出版社,1993年。

也；莫之予，则伤之耂（者）必至矣。《易》曰'莫益之，或击之，立心勿恒，凶'，此之胄（谓）也。"夫子老而好《易》……

帛书在"颜氏之子"节中较今本多"见几"二字。我们知道，今本"颜氏之子"节是紧跟"子曰知几其神乎"一节的，"子曰知几"节中有"君子见几而作"，故帛书"颜氏之子"中的"见几"显然是承自"君子见几而作"来的。帛书《系辞》中存有"君子见几而作"两句，却脱落了前面"子曰知几"数句，使"君子见几"与"知几"的关联被截断。又把"颜氏之子"节错简于后，使得进而阐发"见几"的"颜氏之子"节从《系辞》中脱落下来。无论如何，帛书"颜氏之子"一节多出的"见几"二字，表明这一节本来是接于"君子见几而作"之后的。

从《要》的结构来看，上引论否九五、鼎九四、复初九、损六三、益上九诸爻的这一段很可能是错简乱入《要》篇的。《要》篇的内容可分为三个主要部分，一是九行至十二行即相当于今本《系辞下》第五章的后几节，二是从十二行至十八行为孔子与子赣（贡）论《易》的对话，三是十九行至二十四行孔子论《易》损益之道；其中最重要者为孔子与子贡论孔门易学与巫祝之异。今见帛书《要》篇开始数行，有些字迹尚难辨认，但亦有不少可识者，如"易矣，若夫祝巫卜筮（筮）龟""巫之师""无德则不能知《易》，故君子尊之""子曰：吾好学而毚（才）闻要，安得益吾年乎"，这些文句与中间部分孔子对子贡所说"吾观其德义耳也""祝巫卜筮其后乎"是完全呼应的。所以，在前八行论祝巫卜筮与德义的部分与十二行以后论德义与祝巫卜筮之别的部分之间，横插入《系辞下》第五章释否、鼎、复、损、益诸爻的部分，显然是非常不合理的，这显示出《系辞下》第五章的内容是被错置于此的，而今本则可能是忠实于原本的。

综上所述可知，马王堆帛书的年代虽早，但帛书《易传》的《系辞》尚不能看作《系辞》原始的全貌。帛书本与今本文字、语句、章次的差异有相当大的部分是由帛书抄录者的不负责任所引起的，有些问题则需要进一步加以研究。断言"帛书《系辞》是现存最早、最可靠的《系辞》传本"是完全靠不住的。

二 帛书与今本《易传》

以上所说，重就帛书《系辞》与今本之异而论，主张帛书的祖本与今本差别不大。就整个帛书《易传》来说，《二三子问》等其他五篇所提供的前所未见的材料是帛书中最具价值的内容，由于《缪和》《昭力》两篇的释文尚未最后写定，这里先就所见《二三子问》《易之义》《要》等各篇加以简要的讨论。

马王堆三号汉墓出土的《六十四卦》之后紧接着即帛书《易传》，第一篇为《二三子问》，《系辞》《易之义》《要》《缪和》同写在一幅帛上[18]，这说明，帛书《易传》是一组由同一

---

[18] 廖名春：《帛书〈要〉简说》，《道家文化研究》第三辑，上海古籍出版社，1993年。

学派传授的易学文献。

（一）解《易》结构

《二三子问》开首记孔子答二三子问《易》，下次三十节，皆以"《易》曰……，孔子曰……"的形式解释卦爻辞，这无疑是源于孔子与弟子论《易》的谈话。《易之义》以"子曰易之义唯阴与阳，六画而成章"开首，在前二十行历陈各卦之义，除十三行至十五行为今本《说卦》前三章，及最后十行为今本《系辞下》的第六、七、八、九章外，整篇仍然是以"《易》曰……子曰……"的形式表现孔子论《易》的思想。特别是处于全篇中部的"乾之详说"和"坤之详说"，用"易曰……子曰……"的形式对乾坤两卦的各爻加以解说，与《二三子问》的形式相同。此篇中的"三陈九卦"在开头处较今本多一句"上卦九者，赞以德而占以义者"，与《二三子问》孔子所说"德义广大"，《要》篇孔子"吾观其德义耳"完全一致。主张《系辞》道家说的学者也认为，《系辞下》见于《易之义》的章节是典型的儒家思想。[19] 至于《要》篇为孔子传《易》之说，更明白无疑，《要》篇的主体是孔子答子贡论《易》问难，末尾的孔子论损益两卦的文字屡见于《孔子家语》《说苑》等汉代书中[20]。所以，帛书《易传》是孔门传《易》的文献，是明白无疑的。

帛书《易传》与今传《十翼》应有关系，它们应同属孔门

---

[19] 陈鼓应：《马王堆出土帛书〈系辞〉为现存最早的道家传本》，《哲学研究》1993年第2期。

[20]《说苑·敬慎》，《孔子家语》卷四《六本》。

易学的不同传授系统，且互有影响。特别是《文言》《系辞》，与帛书《易传》一样，均采用引述经文卦爻辞而以"子曰"释其义的形式，是孔学传《易》的特色。《二三子问》载有：

《易》曰："鼎折足，复（覆）公莡（餗），其刑屋（渥），凶"，孔子曰："此言下不胜任也，非其任也而任之，能毋折虖（乎）？……"

比较《系辞下》第五章：

子曰："德薄而位尊，知小而谋大，力少而任重，鲜不及矣。《易》曰'鼎折足，覆公餗，其形渥，凶。'言不胜其任也。"

以"不胜其任"释鼎九四，二者完全相同，由此亦可知《系辞》的"子曰"即是孔子无疑。《二三子问》二十二行残破较多，但保存有一句"元，善之始也"，其位置正在释易的"子曰"位置（很可能是释坤六五"黄裳元吉"之"元"），这与《文言》"元者，善之长也"之说一致，表明古人以《文言》为孔子所作亦其来有自。（《缪和》中释"谦亨君子有终"记录有"子曰：……亨者嘉好之会也，夫君人者以德下其人"，亦与《文言》论亨者同。）《二三子问》载孔子释《谦》卦辞：

……吉，嗛（谦）也；凶，桥（骄）也。天乱骄而成嗛（谦），地僻（?）骄而实嗛（谦），鬼神祸福嗛（谦），人亚（恶）骄而好嗛（谦）……夫不伐德者，君子也。

今本《彖传》：

> 谦"亨"，天道下济而光明，地道卑而上行，天道亏盈而益谦，地道变盈而流谦，鬼神害盈而福谦，人道恶盈而好谦。

可见二说相同。据介绍，《缪和》中也有一段话："子曰：天道毁盈而益嗛，地道……好溓"[21]，其说更近于《彖传》，可见古人以《彖》为孔子所序，亦非无根据。《系辞上》释《谦》九三"子曰：劳而不伐，有功而不德，厚之至也"与《二三子问》君子不伐德之说亦同。又比如，今本《彖》释泰卦说"天地交而万物通也，上下交而其志同也"，帛书《易之义》四行"泰者，上下交矣"，与《彖传》之说同。又如《彖》："蹇，难也，险在前也。见险而能止，知矣哉。"《二三子问》释蹇六二："君子知难而备。"皆以难释，二说相通。

（二）表达方式

不仅帛书《易传》"《易》曰……子曰……"的论说方式与今本十翼《文言》《系辞》相同，许多文句和表达方式也相近或相同。如《易之义》首句"易之义唯阴与阳，六画而成章"，不仅思想与《系辞》推重阴阳的提法相近而更有过之，六画成章

---

[21] 廖名春：《帛书〈二三子问〉简说》，《道家文化研究》第三辑。

的语言也与《说卦》十分接近。《易之义》"天地相卫（率），气味相取（聚），阴阳流刑（形），刚柔成□"，与《系辞上》"刚柔相摩""八卦相荡""方以类聚"、《彖》的"品物流行"的说法和语言十分接近。《易之义》释乾卦：

"（潜）龙勿用"者，匿也；"见龙在田"者，德也；"君子冬（终）日键键"，用也："夕沂（惕）若厉，无咎"，息也；"或鳃（跃）在渊"，隐而能静也；"罪（飞）龙［在天］"，□而上也，"炕（亢）龙有悔"，高而争也；"群龙无首"，文而耴（圣）也。

试比较《文言》：

"潜龙勿用"，下也。"见龙在田"，时舍也。"终日乾乾"，行事也。"或跃在渊"，自试也。"飞龙在天"，上治也。"亢龙有悔"，穷之灾也。乾元用九，天下治也。

在说《易》的语法方面，《易之义》颇近于《文言》。
又如《易之义》释坤卦：

……"含章可贞"，言美请（情）也。"聒（括）囊无咎"，语无声也。"黄常（裳）元吉"，有而弗发也，"龙单（战）于野"，文而能达也。"或从王事，无成有冬"，学而能发也。

与《象》传论说亦相近：

> ……"含章可贞"，以时发也。"或从王事"，知光大也。"括囊无咎"，慎不害也。"黄裳元吉"，文在中也。"龙战于野"，其道穷也，"用六永贞"，以大终也。

《易之义》"乾之详说"逐爻释乾卦，"坤之详说"逐爻释坤卦，其体例尤与《文言》相近。

（三）德义本位

从内容上看，帛书《易传》儒家易的特色更突出了。如《二三子问》首节专论"龙之德"，通篇只论德义，少言卦象，更不论爻位和筮数。如：

> 《易》曰："龙战于野，其血玄黄。"孔子曰：此言大人之宝德而施教于民也。夫文之孝，采物暴存者，其唯龙乎！德义广大，法物备具者，[其唯]圣人乎？"龙战于野"者，言大人之广德而下绥（接）民也。"其血玄黄"者，见文也。圣人出法教以道民，亦犹龙之文也，可谓"玄黄"矣，故曰"龙"，见龙而称莫大焉。

这完全是用崇德教化导民的德教主张释坤上六爻辞。又如：

> 《易》曰："康侯用锡马番（蕃）庶，昼日三接。"孔子

> 曰：此言圣王之安世者也。圣人之正（政），牛参弗服，马恒弗驾，不忧（扰）乘牝马……，时至，刍槁不重，故曰"锡马"。圣人之立政也，必尊天而敬众，理顺五行，天地无困，民□不渗（?），甘露时雨聚降，飘（飘）风苦雨不至，民心相酬以寿，故曰"番（蕃）庶"。

这也是用重视民生的民本思想释《晋》卦辞，"尊天而敬众"，表明这的确是早期儒家的思想。又如：

> 卦曰："不[恒其德，或]承之忧（羞），贞蔺（吝）"，孔子曰：此言小人知善而弗为，攻（?）维而无止，……

帛书中"圣人君子""君子之行""君子之德"的赞词极多，与《十翼》相同，这里对小人的批评，也与《系辞》思想一致，体现了儒家从德性立场上对小人的批评。

（四）刚柔互济

《易之义》篇最突出者为刚柔合德、文武相济说：

> 子曰：万物之义，不刚则不能动，不动则无功，恒动而弗中，则□，[此刚]之失也。不柔则不静，不静则不安，久静不动则沈，此柔之失也。

"柔之失"又称"阴之失",又说:

> 是故天之义,刚健动发而不息,其吉保功也。无柔救之,不死必亡。重阳者亡,故火不吉也。地之义,柔弱沈静不动,其吉［保安也。无］刚□之,则穷贱遗亡,重阴者沈,故水不吉也,故武之义保功而恒死,文之义保安而恒穷。是故柔而不狂(? 枉),然后文而能胜也;刚而不折,然而后武能安也。

"子曰"的这些话既不是以刚柔的爻象爻位解释卦爻所以吉凶,也不是纯粹以人之德性为说,而是在普遍的意义上,在相当抽象的水平上,以"刚""柔"为普遍的哲学范畴来讨论的。在这里,"刚"代表宇宙万物健动不息的本性,故说"不刚则不能动"。事物的运动、活动才能造就了种种功业,因而"刚"又是造就功业的根源,故说"不动则无功"。"柔"为万物保持安定、静止的本性,故"不柔则不能静(疑中当作静)","柔"才能使万物得以保持相对稳定,故"不静则不安"。"子曰"认为,宇宙万物的存在与运动须刚柔相救,刚之长处在于创造功业,但有刚无柔,即有阳无阴,宇宙的生命运动便会中断,所以说"无柔救之,不死必亡"。"火"为重阳之象而无柔济之,故"不吉"。同理,柔之长处在于保持安定,但有柔无刚,无法造就功业,宇宙的生命运动亦将遏止。"水"为重阴之象,无刚济之,亦"不吉"。因此,宇宙的理想状态,必须以刚柔相济相救,从而保证万物动而能静,安而有功。这个思想体现在社会方面,是主张"文"与"武"的互补。《易之义》的这些思想反对片面强调刚或柔一方,主者阴阳互补,刚柔相济,体现了先秦儒家共倡的"中"的思想,与先秦道家如老子一派贵柔的思想呈现出很大的不同。

"中"也是今本《易传》的重要指导思想[22],不仅《彖》《象》《文言》都以"得中"释卦、爻辞,《文言》明举"龙德而正中者也",《象传》"得中道也",《彖传》"尚中正也",都贯穿着崇"中"的思想,而《易之义》对刚柔互济的讨论不仅比今本《易传》明确得多,而且摆脱了卦位爻位的具体卦象,上升到了更为普遍的哲学高度。

(五)孔子治《易》

帛书《易传》中最重要的部分当属《要》篇孔子与子贡的答问,包含有两个方面的内容:

(1)关于孔子晚年学《易》的活动。

《论语·述而》:

> 子曰:"加我数年,五十以学《易》,可以无大过矣。"

《史记》亦载有"孔子晚而喜《易》"之说,故历来史志文献都承此孔子晚年喜《易》之说。但近代以来学者抓住陆德明《经典释文》所说的"鲁读"问题,主张孔子与《易》无关。所谓"鲁读",是指陆氏的下列说法:

---

[22] 高亨:《周易大传今注》,齐鲁书社,1979年,第40—41页。

> 学易：如字。《鲁》读"易"为"亦"。今从古。

就是说《鲁论语》以"易"为"亦"字，这样一来孔子与《易》的关系在《论语》中便不存在。而司马迁以后以孔子晚年治《易》的说法便于史无据了。然而，陆氏本来不从"鲁读"，司马迁亦不是仅据《论语》此句而断定"孔子晚而喜《易》"的。对此，帛书《要》提供了决定的证据：

> 夫子老而好《易》，居则在席，行则在囊。子赣（贡）曰："夫子它日教此弟子曰：'德行亡者，神灵之趋；智谋远者，卜筮之蔡（繁）'，赐以此为然矣。……夫子何以老而好之乎？"

根据这一材料可知，孔子晚年喜《易》，已到了"居则在席，行则在囊"的地步，行住坐卧手不离《易》，所以史载的"韦编三绝"，及孔子会有很多的解《易》思想传留于后，是完全自然的。这证明孔子晚年确实花过很大精力研究《周易》，《易》学之传肯定与孔子有重要的关系。李学勤先生指出，《史记》把孔子"晚而好易"一段放在鲁哀公十一年（前484）孔子归鲁之后，当时孔子已六十八岁，而据《左传》哀公十一年，当时子贡正在鲁国，所以《要》篇记孔子与子贡晚年对话，合于当时的情事。㉓

（2）孔子治《易》的宗旨。

前引子贡发问表明，孔子早年强调德行不足者才会趋信神

㉓ 李学勤：《周易经传溯源》，长春出版社，1992年，第226页。

灵卜筮，因此子贡责问孔子，何以老而好《易》。孔子解释说，他并不是好《易》之卜筮，《要》篇载：

> 《尚书》多于矣，《周易》未失也。且又（有）古之遗言焉。予非安其用也。[子赣曰赐]……如是，则君子已重过矣。赐闻诸夫子曰："孙正而行义，则人不惑矣。夫子今不安其用乐其辞，则是用倚于人也，而可乎？"子曰："谬哉，赐！吾告女，《易》之道……夫《易》刚者使知惧，柔者使知刚，愚人为而不妄，渐人为而去诈。文王仁，不得其志，以成其虑，纣乃无道，文王作，讳而避咎，然后《易》始兴也。"

孔子喜《易》，是因为《易》中有"古之遗言"，这些遗言"不诡其德"，与德行不违。孔子好《易》并非用其卜筮，而是"乐其辞"。《系辞》中也说："是故君子所居而安者，《易》之序也；所乐而玩者，爻之辞也。是故君子居则观其象而玩其辞。"又说"《易》有圣人之道四焉，以言者尚其辞"。因此，孔子并不是对《易》的卜筮有兴趣，而是把《周易》的卦爻辞作为思想的素材，借以体会和发明德义之理。孔子认为，在这一点上，他与祝巫迷信卜筮的立场完全不同，《要》篇载：

> 子贡曰：夫子亦信其筮乎？子曰：吾百占而七十当，唯周梁山之占也，亦必从其多者而已矣。子曰：《易》，我复其祝卜矣。我观其德义耳也。……后世之士疑丘者，或

以《易》乎？吾求其德而已，吾与史巫同途而殊归者也。

孔子明白地表示，他之"好"《易》，并不是出于相信卜筮的灵验，虽然后世之人可能由此对他发生怀疑，但他所"安"所"乐"者与占筮家完全不同。"吾与史巫同途而殊归"，表明孔子和早期儒家在文化的理性化进程中早已与史巫文化分道扬镳。所谓"我观其德义""吾求其德"，其中的"德义"有双重意义，即一方面指"蓍之德""卦之德""六爻之义"（《系辞上》），重在以《易》之话语本文——"辞"发明义理，求宇宙万物变化之理㉔；另一方面指"和顺于道德""理于义"（《说卦》），以发展和完善人的德性人格。如果说《系辞》重在前者，即探讨宇宙大化的变易之理，那么《要》则更强调后者。所以孔子针对子贡关于"德行亡者，神灵之趋"的指责，强调"君子"与祝巫卜筮不同，主张"无德则不能知《易》"，认为占而不知数只是"巫"，知数而不达于德只是"史"，他的态度则是"幽赞而达乎数，明数而达乎德，有仁□者而义行之耳"。所以，这也正是《系辞》中所说的"以言者尚其辞"与"以卜筮者尚其占"的区别，后来荀子提出"善为《易》者不占"㉕，正是承继了孔子以德义论《易》的理性化传统，真正把易学提升为一种哲学的体系和德义教化的典籍。

㉔ 李学勤：《周易经传溯源》，长春出版社，1992年，第228页。
㉕ 《荀子·大略》。

三 《系辞》与孔门易学

帛书的发现,使孔子"加我数年,五十以学《易》"的自述得到确证。事实上,司马迁一定看到过帛书《易传》、今本《易传》及同类的孔门易学文献,所以他才在《史记·孔子世家》记述道:

> 孔子晚而喜《易》,序《彖》、《系》、《象》、《说卦》、《文言》。读《易》,韦编三绝,曰:"假我数年:若是,我于《易》则彬彬矣。"㉖

《史记·田敬仲完世家》也说:

> 盖孔子晚而喜《易》,《易》之为术,幽明远矣,非通人达才孰能注意焉!㉗

《要》篇载孔子对子贡说:"后世之士疑丘者,或以《易》乎!"这句与孟子所引孔子语"知我者,其惟《春秋》乎!罪我者,其惟《春秋》乎"㉘相近语气的话,隐含了孔子必然有传《易》文献留于世,如《春秋》一样。由前两节所述可知,帛书《易

㉖ 《史记·孔子世家》,中华书局标点本,1982年,第1937页。
㉗ 《史记·田敬仲完世家》,第1903页。
㉘ 《孟子·滕文公下》。

传》的《二三子问》《系辞》《易之义》《要》都是孔门易学，其中的"孔子曰""子曰"都毫无疑问地是指孔子释《易》之说。帛书《易传》发现的重要意义之一便是，它提示我们：今本《易传》世传为孔子所作，其性质与帛书相同，都不是无根之谈。当然，帛书与今本的"子曰"是否真正为孔子本人之语，不能绝对地肯定，但其源于孔子论《易》而为孔门传《易》文献，无可怀疑。古文献学者指出："古书从思想酝酿，到口授笔录，到整齐章句，到分篇定名，到结集成书，是一个长过程。它是在学派内部的传习过程中经众人之手陆续完成，往往因所闻所录各异，加以整理方式不同，形成各种传本。有时还附以各种参考资料和心得体会，老师的东西和学生的东西并不能分得那么清楚。"[29] 此说用于帛书与今本《易传》，若合符节，尤可信也。

孔子高弟中，子夏传《诗》《书》《礼》《乐》，荀卿得之。子夏亦有《易传》，必得于孔子不少，荀子"善为《易》者不占"之说当得于子夏而源于孔子，《要》篇可证。子贡晚年闻孔子论《易》者不为不少，但子贡对孔子好《易》颇持怀疑态度，这可能是他不传孔门易学的原因。据《史记·仲尼弟子列传》：

> 商瞿，鲁人，字子木。少孔子二十九岁。孔子传《易》于瞿，瞿传楚人馯臂子弘（索隐作"弓"），弘传江东人矫子庸疵，疵传燕人周子家竖，竖传淳于人光子乘羽，羽传齐人田子庄何，何传东武人王子中同，同传菑川人杨何。

---

[29] 李零：《出土发现与古书年代的再认识》，《九州学刊》三卷一期，1988年。

何元朔中以治《易》为汉中大夫。㉚

《史记·儒林列传》：

> 自鲁商瞿受《易》孔子，孔子卒，商瞿传《易》，六世至齐人田何，字子庄，而汉兴。田何传东武人王同子仲，子仲传菑川人杨何，何以《易》，元光元年征，官至中大夫。㉛

马王堆帛书自然使人联想到楚地的易学，帛书《易传》最后两篇为《缪和》《昭力》，记载缪和、昭力、吕昌、吴孟、张射、李平等人与传易经师的答问，缪通穆，穆与昭都是楚氏㉜。据《史记》可知，楚为孔门传《易》的重地，馯臂子弓为楚人，故帛书《易传》很可能是馯臂子弓所传，李学勤先生甚至认为，缪和、昭力所问的"先生"可能就是馯臂子弓㉝。如果再考虑荀子曾晚年居楚且特尊子弓，则帛书《易传》是孔门易学在楚地的一支所传，应可定论。

孔门本有传《易》之学，在史为有据，而帛书之出土，又复证焉。若谓先秦道家有传《易》之学，认为"帛书《系辞》

㉚ 《史记·仲尼弟子列传》，中华书局标点本，1982年，第2211页。
㉛ 《史记·儒林列传》，第3121页。
㉜ 李学勤：《周易经传溯源》，长春出版社，1992年，第226页。
㉝ 同上。

为战国晚期老子一派的传本"㉞，于史则无证，亦与《老子》"绝学无忧""为道日损"的立场相悖。重视历史文献，乐其辞而发明德义，是儒家的特色与传统，而重视历史文献的训释，与先秦道家的文化性格不合。

就帛书《易传》而言，六篇文献是一组同一学派所传，仅从这一点来说，把帛书《系辞》孤立地抽出来断定其为道家文献，而同时承认其他五篇为儒家文献，是不合理的。如前所说，六篇文献在内容上是一致的，与今本《易传》也是一致的，同属先秦儒家传《易》之学。由于解《易》文献各篇承担的任务不同，《系辞》侧重阐发宇宙观，儒家重德崇义的色彩相对其他篇略淡，这也是很自然的。

退一步说，即使孤立地考察今本《系辞》，其为儒家解《易》文献亦无可疑，甚至，即使我们把帛书《系辞》脱落的章节除开去，《系辞》的儒家解《易》文献的性质仍不能改变。其他思想内容的特征暂且不论，仅由今本及帛书《易传》中"《易》曰……子曰……"的形式即可断定《系辞》的学派属性。高亨先生曾指出："《系辞》记有'子曰'者凡二十三条（原注：二十四个'子曰'），皆引孔丘之言也。孔丘弟子或再传弟子等著书，引孔丘之言，始用'子曰'二字。"㉟ 李学勤也说："《要》篇孔子与子贡对话，与'颜氏之子'一节相参，可借以推知'子曰'都是孔子的话。今本以之与其他有'子曰'字样

㉞ 王葆玹：《从马王堆帛书本看〈系辞〉与老子学派的关系》，《道家文化研究》第一辑，上海古籍出版社，1992年。

㉟ 高亨：《周易大传今注》，齐鲁书社，1979年，第6页。

文字组织在一起,又说明它们都是孔子言论,或疑'子'不指孔子,是不妥当的。"㊱

早在《论语·子路》即载孔子释《易》之例:

"不恒其德,或承之羞。"子曰:"不占而已矣。"

《系辞上》:

"劳谦,君子有终,吉。"子曰:"劳而不伐,有功而不德,厚之至也。"语以其功下人者也。德言盛,礼言恭。谦也者,致恭以存其位者也。

"亢龙有悔。"子曰:"贵而无位,高而无民,贤人在下位而无辅,是以动而有悔也。"

这种先称引《易》之卦爻辞,而后记述"子曰"释《易》的话语,在《系辞上》共八条。《系辞下》:

《易》曰:"困于石,据于蒺藜,入于其宫,不见其妻,凶。"子曰:"非所困而困焉,名必辱;非所据而据焉,身必危。既辱且危,死期将至,妻其可得见耶?"

《易》曰:"公用射隼于高墉之上,获之,无不利。"子曰:"隼者,禽也。弓矢者,器也。射之者,人也。君子藏器于身,待时而动,何不利之有;动而不括,是以出而有

㊱ 李学勤:《周易经传溯源》,长春出版社,1992年,第235—236页。

获,语成器而动者也。"

《系辞下》共有以"子曰"释《易》者九条。合而计之,《系辞》上下篇共有二十四个"子曰",其中的"子曰"释卦爻辞者十七条,以"子曰"一般论述《易》之义者六条。帛书《二三子问》中与"《易》曰"相连的"孔子曰"有三十一条,《易之义》"《易》曰……子曰……"有十六条,其他作一般论述的"子曰"尚不计其中。这种释《易》的形式,亦见于《坊记》《表记》《缁衣》《韩诗外传》。事实上,这是儒家经典文献解释的典型形式,不独于《易》为然,《礼记》中"子曰……《诗》曰……"之例尤多。

先秦文献中把孔子之语冠以"子曰",除《论语》外,只有《荀子》和《礼记》,没有例外。且不说道家文献中不可能把孔子之语称述为"子曰",更明显的是,如果《系辞》是道家文献或老子一派的传本,那它为什么不称引老子的话,反而引述二十三四个"子曰"呢?这种以称引孔子解《易》之语为主体的《易传》,从本文前述可知,是今本与帛书儒家传《易》文献的典型形式,是《系辞》为儒家解《易》文献的绝好证明。所以,从这一点来说,即使帛书《系辞》脱落的章节本来就不在《系辞》里,也只不过少了四五个"子曰"而已,对《系辞》的整体属性并无影响。

从《系辞》的内容来看,其中"乐天知命,故不忧。安土敦乎仁,故能爱","圣人所以崇德而广业""吉凶与民同患""何以守位曰仁"的思想及刚柔并重的释《易》方法都体现了儒家思想，与强调"君子进德修业""忠信""敬义"的《文言》，强调"尚中正""父父，子子，兄兄，弟弟，夫夫，妇妇，而家道正，正家而国定矣""汤武革命，顺乎天而应乎人"的《彖传》，以及全面阐述"君子以自强不息""君子以厚德载物"等儒家伦理的《象传》等，同属儒家借《易》之辞发明儒家思想的作品。《系辞》所引述的"子曰"也浸透了儒家的观念，如：

> "鸣鹤在阴，其子和之。我有好爵，吾与尔靡之。"子曰："君子居其室，出其言善，则千里之外应之，况其迩者乎？居其室，出其言不善，则千里之外违之，况其迩者乎？言出乎身、加乎民，行发乎迩、见乎远。言行，君子之枢机。枢机之发，荣辱之主也。言行，君子之所以动天地也，可不慎乎。"
>
> 子曰："小人不耻不仁，不畏不义，不见利不劝，不威不惩。"

都充分体现了先秦儒家强调的修身之方与君子小人之辩。如果再考虑到今本中不见于帛书《系辞》的几章可能是由于错简及其他抄录遗脱所致，这几章如称许"颜氏之子"有不善未尝不知、知之未尝复行，如"三陈九卦"赞德取义之说等，就使得《系辞》为儒门传《易》文献的性质更为明白清楚了。

四 《系辞》道家说驳议

以上所论，侧重于文献特别是帛书《易传》的材料，用以论证《系辞》确为儒门传《易》文献。事实上，有关《系辞》学派属性的争论与分歧，在相当的程度上，更源于学者从事中国古代思想研究时所从出发的方法。

在已有的关于《系辞》的讨论中，有以下几点值得认真讨论：

1. 《论语》能不能作为判定孔子、孔门或儒家思想的唯一根据？主张《系辞》非孔子或儒家之作的论据之一，是认为《系辞》所说与《论语》不合，如《论语》罕言天道而《系辞》屡言天道等。《论语》为研究孔子思想的基本材料，但从帛书出土的材料来看，《论语》所记并不完全，尤其是孔子晚年的学术活动在《论语》中并未得到充分体现。因此，原则上，《论语》的材料不能用来排斥、否定其他古文献中所载孔子思想的材料。另一方面，是否承认儒家思想是在历史上不断发展的一种思想体系，不仅是一个方法问题，也是一个史实问题。《孟子》《荀子》《礼记》中都有大量的孔子未曾阐述的思想。所以，不能以孔子是否讲过或与孔子所讲是否相同作为判定文献是否为儒家的标准，正如，既不能用孔子未讲性善而孟子道性善来否定孟子为儒家，也不能用荀子讲性恶与孟子不同而拒绝承认荀子为儒家一样，这个道理是显而易见的。

2. 楚人所作或楚地所出土的文献能否作为判定道家文献的根据？显然不能。学术界近年颇注重文化的地域性发展，尤以楚文化、齐文化等说为盛，此种方法对于推进地域文化研究特别是同一时代不同地区性特色文化有积极作用。但早在商代末期，现在中国版图的大部分地区文化传播与交流已相当活跃，由这一时期各个地区的青铜文化可见。至两周春秋战国，文化的扩散交流更为普遍，在黄河中下游及长江中下游地区，已经没有一个地区只有自己土生的文化而与其他文化不相干。从而，楚地不仅有来自各国的士人在楚游学任官，楚人亦多游学于外而带各国文化返于楚。孔子再传弟子馯臂子弓及其在楚地的后学，固然会受到楚地包括楚道家在内的各种文化的影响，但其传承孔门易学明载于史。所以，一说到与楚人有关便认为是道家，或凡楚地出土的文献皆认为是道家，于理于史，都不能令人信服。帛书《易传》的出土，打破了单一楚文化的观念，证明楚文化也是多元的。楚地流衍的易学必然受到楚地的道家思想所影响（同样也影响当地的道家思想），是没有疑问的，但不能把楚地所传的易学仅仅根据传于楚地便断定其为道家文献。

3. 能不能把凡道家讲过或道家先讲的东西，当作道家所以为道家的本质？即使我们承认"天地动静""原始反终"等纯粹自然观的论说方式为道家所先陈述，是否同时或后来学者复用了这些陈述，便成了道家呢？显然，中国哲学有许多概念或陈述并没有"家"的色彩，这些观念和表述源于上古中国文化而成为中国人共同的宇宙观背景，如天道、阴阳，在百家之前即已提出，为后来各家所共同继承。即使某些把握自然界的观念由某一家所先陈述，也不妨碍他人或后人所利用，恰恰由这种利用使得共同的学术语境得以形成。因此，一方面，没有早期历史文化已积累的一定的描述、把握自然现象运动的语言、术语、范畴，就不可能形成早期的自然观；另一方面，学术思想的争论正是以各家具有共同的学术语言为前提。何况这些概念、术语只是思想建构的材料，一定的思想、哲学观念则是联结、组织这些材料的结构（命题），因而，是命题而不是概念才能表现出对自然关系的特定看法。从中国哲学发展的历史来看，学派的不同，一方面在于各家赋予同一概念的意义不同，如古人早谓"道与德为虚位"，各家无不用"道"而各自意义有别；另一方面，即使概念相同相通，运思方向、解决问题的路线不同。这在整个哲学史上屡见不鲜。如同样使用"共相""殊相"，则有实在论与唯名论的区别，同样使用"心灵""物质"，而有唯心论和唯物论的不同。诸如本体、实体、理性、经验等，更是各家各派所常用。我们在马克思的文献中可以找到大量的黑格尔哲学的语汇，但能够说马克思主义就是黑格尔主义吗？此外，就社会思想、伦理思想的不同派别来说，在自然观的领域中分享一些共同的概念、命题、观点，也相当普遍。如中国思想史上战国末期的各家显然拥有一些共同的宇宙自然观念，因为百家之学的分别并不在此。

4. 所以，最根本的问题是，我们据以区分或判别一中国古代文献为哪一"家"的原则是什么？陈鼓应教授等力主《系辞》道家说的所有论文，其要点是通过《易传》特别是《系辞》表述其自然观的概念术语与《老》《庄》的比较，认定自然主义的宇宙观以及"天道""阴阳"等概念的运用是《系辞》为道家文献的根本证明。很明显，这样一种立场是以西方的"哲学"（其主体为宇宙论和本体论）作为判别《系辞》是否为道家的准则。而这一点若能成立，必以百家诸子本来是以宇宙论、形上学之异为本质区别为前提。而事实上，如果我们内在于中国文化的固有脉络使用"家",则应知中国文化本来所谓"家"乃是中国学术史的一个概念,而不是一个纯粹哲学学派的概念。

如果我们内在于中国自身发展的理路,关于"家"的定义自然先须参照司马谈的《论六家要旨》:

> 《易大传》:"天下一致而百虑,同归而殊途。"夫阴阳、儒、墨、名、法、道德,此务为治者也,直所从言之异路,有省不省耳。

这明确表明,司马谈所说的"六家"是由"为治"的主张划分的,即所谓六家在本质上是社会思想流派。六家之中,儒、墨、名、法与先秦无异,道家则明指汉代的黄老,而阴阳也是汉代的阴阳学(承自邹衍而善言天人感应)。据司马谈所说,所谓"阴阳"是根据阴阳运行的时位节度以规定人的行为教令,以为顺之者昌,逆之者亡;"儒者"序君臣之礼,列夫妇长幼之别,传习六艺以为法;"墨者"尚尧舜道,主俭朴节用;"法家"尊主卑臣,明上下之分,贵贱一断于法;"名家"专决于名,而失人情;道家以虚无为本,因循为用,以养精神。按先秦本无"六家"之说,儒墨为先秦显学,在史有征,其为大"家",不言自明。其余各派,在先秦亦皆蔚然成家,故先秦之"家"不止于六。《庄子·天下》所载"百家",是皆"家"也,按其所叙,墨、禽为和平主义;彭、田、慎非圣去知、无是无非、纵脱无形,如犬儒主义;关、老澹然养神,谦下守柔,为消极的个人主义;庄周为独与天地精神往来的自由主义。故《庄子》

所说的百家之学，或为一种人生哲学，或为一种治世之道，其着眼点一在个人，一在社会，此为百家异路之所以分也。吾人今日固可借西洋哲学之说，研究中国哲学的历史，由此立场而观，百家之哲学亦容各异，然其所以为百家之别者，原不在古代西方所谓哲学上，故仅以宇宙论、形上学来判别各家，必失于偏颇。陈鼓应教授立论，多就"哲学的主要部分形上学、知识论、方法论""理论架构、思维方式、基本范畴及主要命题""思辨哲学方面"立论，而这些方面，如上所说，并不反映百家之分的本来规定。

因此，《易传》或《系辞》的哲学自然观无疑是自然主义，但说"《易传》哲学是自然主义"则可，而据此便说"《易传》哲学是道家哲学"则不可，说"《易传》哲学是道家"便不通，说"《易传》是道家文献"便更不通。自然主义虽为道家所先倡扬，但这本来是西周以来宗教思想衰微的表现之一，故战国以后自然主义越来越成为各家所共同分享的宇宙观。如郭沫若早已指出，《系辞》与荀子《天论》的思想很接近，而我们当然不能把包容了自然主义宇宙观的《荀子》归为道家。同理，法家的自然观也是自然主义，但法家并不是道家。所以，我们既反对以自然主义判定《系辞》为道家，也不据自然主义判定《系辞》为儒家。事实上，宇宙观的自然主义经过战国时代各家的融合，业已成为中国哲学的共同背景，这也是《易传》后来为各家所共尊的原由之一。至于说到"传本"，则更是一个历史的问题，先秦道家是否有传《易》体系，何人所传，都须依据历史材料具体指明，不是"原属道家系统"这样的话可以轻易立论的。这与明载于史的儒门传《易》系统是不可同日而语的。

1993 年 5 月 23 日

帛书《易传》的释文，已发表在 1993 年 8 月出版的《道家文化研究》第三辑，本文写作时，释文尚未发表，承整理者廖名春君先行惠示释文及廖君所撰《帛书〈要〉篇简述》《帛书〈二三子问〉简述》《帛书〈易之义〉简述》数文，特此志谢。

马王堆帛书《易传》与先秦易学的分派

郭店楚简发表之后,其中的《缁衣》等篇,给我们一个很大的启示,就是在战国楚地流行的文献文本,不一定是楚国或楚地文化自身的产物,而有许多是传自中原的。如战国中期齐国的文化最为发达,诸子百家都在齐国寻求自己的发言权,楚地所流行的文献,应当有相当大的部分是从齐国流传到楚地的。这一事实也促使我们进一步思考马王堆帛书《易传》各篇的相关问题。事实上马王堆帛书《易传》发表后,虽然颇被认为是"南方易学家的著述"①,但也已经有学者提出了一些其他推测,如有的先生认为,"楚地帛书本《周易》经传文,多半来自齐

---

① 张岱年先生说"帛书《易传》是南方易学家的著述",见其文《初观帛书〈系辞〉》,载《道家文化研究》第三辑,上海古籍出版社,1993年,第3页。

学"。甚至也有学者认为帛书《易传》都是"鲁学一派所传"②。我的看法是,《要》篇等记述孔子与子贡等门人的对话,不可能是南方易学的作品;马王堆帛书《易传》可能大部分传自齐国,但是传自齐国的文献,不一定在性质上属于"齐学",也可属于其他学派;而把马王堆《易传》各篇都说成是来自鲁学,也未必尽然。简言之,我以为帛书所见的战国时期的儒家易学应有三个主要流派,这三派不一定同时,可能发展有先后。三派在解《易》、学《易》方面的宗旨互有不同,即鲁儒易学、齐儒易学、楚儒易学,这在帛书《易传》中都有表现。

一　尊德义——帛书《要》

我把马王堆帛书中解释《周易》的《系辞》《二三子问》《易之义》《要》等,概称为帛书《易传》。帛书《易传》释文发表后,《要》篇中记述孔子晚年与子贡论《易》的问答,特别引人注意。由于这一段对话与《论语》"五十以学"一段有关,涉及历史上争论不休的孔子与易学的关系,所以其备受重视是很自然的。

其实,孔子与子贡的这些对话,更提出了一个儒家解《易》宗旨为何的问题。我们先来看这段对话:

---

② 朱伯崑:《帛书本〈系辞〉文读后》,《道家文化研究》第三辑,上海古籍出版社,1993年,第45页。王葆玹:《帛书〈周易〉所属的文化地域及其与西汉经学一些流派的关系》,同上书,第182页。

> 夫子老而好《易》，居则在席，行则在囊。子赣（贡）曰："夫子它日教此弟子曰：'德行亡者，神灵之趋；智谋远者，卜筮之蔡（繫）。'③ 赐以此为然矣。以此言取之，赐缗行之为也。夫子何以老而好之乎？"夫子曰："……《尚书》多于矣，《周易》未失也，且又（有）古之遗言焉。予非安其用也。"[子赣曰：] ……夫子今不安其用而乐其辞，则是用倚于人也，而可乎？

据子贡说，孔子以前主张"德行亡者，神灵之趋；智谋远者，卜筮之繫。"子贡的问题是，既然孔子以前认为德行丧失者才趋于神灵信仰，智慧缺乏者才反复寻求卜筮。那么现在老而喜好《周易》，这不是很难理解的吗？孔子的回答是，《尚书》多有阙失，只有《周易》是完整的，而且其中有很多古人的遗言，所以我对《周易》的兴趣，并不是求其卜筮之用，而是乐其古之言辞。

《要》篇"不安其用而乐其辞"的提法，与《系辞》的提法适成对比，《系辞》的主张是"君子所居而安者，《易》之序也；所乐而玩者，爻之辞也。是故，君子居则观其象而玩其辞，动则观其变而玩其占"。又说："《易》有圣人之道四焉，以言者尚其辞，以动者尚其变，以制器者尚其象，以卜筮者尚其占。"可见，《系辞》是既注重"玩其辞"，又注重"玩其占"，文辞和占筮并重。而《要》则只关注"乐其辞"，而无视占筮。这显然是与《系辞》的一大不同。

---

③ 据陈松长释文所作"蔡"字，池田知久《要》篇释文则作"繫"。

《要》篇不仅提出了"不安其用而乐其辞"的学《易》宗旨，而且进一步发挥了尊德以知《易》的宗旨。《要》篇前七行缺字甚多，不可读。第八行有云："若夫祝巫卜筮——巫之师——无德则不能知《易》，故君子尊之。"根据后文孔子所说"赞而不达于数，则其为之巫；数而不达于德，则其为之史"可知，这里也应是孔子的话，认为史巫不达于德，而无德则不能知《易》，所以君子尊德义。这里所谓"故君子尊之"，指的就是尊德、尊德义。郭店竹简中有一篇即倡导"尊德义"。"无德则不能知易"这个命题把"德"看作是知易的根本。这就是说，从孔子的观点来看，君子学《易》，不仅是要"乐其辞"，在如何乐其辞的方面，更要以"尊德义"为中心。

　　在《要》篇中，是以德义为本，而轻忽卜筮的，对此，有一段较长的对话：

　　　　子贡曰：夫子亦信其筮乎？子曰：吾百占而七十当（罕），唯周梁山之占也，亦必从其多者而已矣。

　　　　子曰：《易》，我复其祝卜矣，我观其德义耳也。幽赞而达乎数，明数而达乎德，又仁□者而义行之耳。赞而不达于数，则其为之巫；数而不达于德，则其为之史。史巫之筮，向之而未也，好之而非也。后世之士疑丘者，或以《易》乎？吾求其德而已。吾与史巫同途而殊归者也。君子德行焉求福，故祭祀而寡也；仁义焉求吉，故卜筮而希也。祝巫卜筮其后乎！

照孔子这里所说,他区分了巫、史、儒(君子)三者。"巫"的特点是幽赞而不达于数,赞即祝也,指只知道祝祷而不了解天道变化的数度。这可以巫所操作的龟卜为代表。"史"的特点是明数而不达乎德,即明了宇宙变化的数度,但不能达到道德的境界。这可以史卜之官的蓍占为代表。④ "儒",也就是这里所说的君子,其特点是达乎德。显然,在孔子的理解中,儒是代表比巫祝、史卜更高的人格和智慧。

其次孔子说明他在学《易》方面与祝卜的不同。他强调,"我观其德义耳""吾求其德而已"。这里的"德"或"德义",学者的理解有所不同,一般多理解为"卦之德""卦之义",即注重与象数相对的卦义,这显然是受了《系辞》的影响。我自己也曾提出:"《要》篇的'德义'有双重意义,即一方面指'蓍之德''卦德''六爻之义'(《系辞上》),重在以《易》之话语文本——'辞'发明义理,求宇宙万物变化之理。另一方面,指'和顺于道德理于义''理于义'(《说卦》),以发展和完善人的德性人格。如果说《系辞》重在前者……那么《要》则更强调后者。"⑤ 其实,应当说《要》篇所说的"德义""德"就是指道德、德性,这从《要》篇本文可以看得很清楚,如孔子说"我观其德义耳也,幽赞而达乎数,明数而达乎德,又仁□者而义行之耳"。其所说"观其德义""达乎德"就是要落实为仁知而义行之。孔子又说"吾求其德而已……君子德行焉求

---

④ 按《礼记·郊特牲》云:"失其义,陈其数,祝史之事也。"与《要》篇所说"数而不达于德,则其为之史"意略同。唯《礼记》所言"数"乃指礼之数度。

⑤ 陈来:《马王堆帛书〈易传〉与孔门易学》,《国学研究》第二卷,北京大学出版社,1994年,第66页。

福……仁义焉求吉"，强调儒者以德行求福而很少祭祀，以仁义求吉而很少卜筮，可见这里所说的"求其德"就是指仁义德行。

《要》篇中有些段落是错简、误抄，由他篇窜入的，这一点我曾有过讨论。⑥ 故孔子和子贡的对话应是《要》篇的主要内容。据此可知，《要》篇的学《易》之道是"求其德"的德行派，这种学《易》的学风应当是鲁国儒学的特点。据《史记》，孔子传《易》给商瞿，而商瞿是鲁人，所以《要》篇有可能是出于鲁儒商瞿一派之手。十翼中的《大象》完全以卦辞申发道德教训，《文言》强调"君子进德修业。忠信，所以进德也；修辞立其诚，所以居也"，"君子以成德为行"，亦与《要》篇宗旨相同，也属于德义派。李镜池曾经提出，《象》的作者应是北方儒者，郭沫若也同意此说，认为"《象传》全体显明地带着北方的色彩，而且明白地受着《论语》的影响的地方很多"⑦。

二 明成败——帛书《易之义》《二三子问》

《要》篇的提法引出了两个问题：第一，儒家易学是否应当只讲进德修业，而可以完全不讲损益成败了呢？第二，儒家是否只需以德行求吉，而根本放弃以卜筮知吉凶呢？看来，《要》篇中所述孔子与子贡的对话只是片面强调了孔门易学的一个方面。即使在《要》篇中孔子也说他曾"百占"，又说"仁义焉求

---

⑥ 陈来：《马王堆帛书〈易传〉与孔门易学》，《国学研究》第二卷，北京大学出版社，1994年，第66页。
⑦ 《郭沫若全集》历史编第一卷，人民出版社，1982年，第396页。

吉，故卜筮而希也"，"卜筮而希"的意思也是说不常卜筮而不废卜筮。而不废卜筮表示孔子并不否定在实际生活中应当注意判断形势、预测将来，进行选择，以便避免损害。但德行派在理论上推到根本，就变成只讲德性，不计利害、不问吉凶。人在道德践履方面当然要正义不谋利，但在与道德无关的生活实践中，为了达到改造社会、改造世界的目的，人们总是要力求成功，避免失利。

《周易》本卜筮之书，其着眼点原在天道损益、人事吉凶上面。儒家易学的特点，撇开其对卜筮的态度不说，一般认为其解《易》之方是"取其人道教训之义"。但是，人道教训包括两个大的方面，一个是进德修业，一个是损益吉凶。前者注意的是人道之当然，后者注意的是人事之实然。前者是正其义而不计利害吉凶，后者是详观成败、吉凶、损益、得失的时间因素、主客条件和变化规则，调整个人的行动方式，力图在人事上立于不败之地。

这两种取向是不相同的。进德修业是属于"伦理"的范畴，损益成败是属于"智慧"的范畴；体现在《易传》的语言上，前者是规范性的，后者是描述性的；前者是当然的道德律令，后者是实然的行动规律；前者可使人达到庄严的道德境界，后者则更多是明智的生活智慧。

可以随便举几例来说明。如《大象》解卦辞说："天行健，君子以自强不息"；"地势坤，君子以厚德载物"；"山下出泉，蒙。君子以果行育德"；"火在天上，大有。君子以遏恶扬善，顺天休命"。这些都是进德修业的范畴。而《系辞》中的"'亢龙有悔。'子曰：'贵而无位，高而无民，贤人在下位而无辅，是以动而有悔也。''不出户庭，无咎。'子曰：'乱之所生也，则言语以为阶。君不密则失臣，臣不密则失身，几事不密则害成，是以君子慎密而不出也。'"这些就属于实然的描述，总结成败得失的经验，研究进退存亡的规律。

《易之义》篇在帛书《易传》中就比较注重实然的成败，讲究"因济人行，以明失得之报"（此语在今本《系辞》中）、"敬以承事，智以避患"。其最有代表性的是刚柔说：

> 子曰：万物之义，不刚则不能动，不动则无功，恒动而弗中则浮。此刚之失也。不柔则不静，不静则不安，久静不动则沉，此柔之失也。
>
> 是故天之义刚健动发而不息，其吉保功也。无柔救之，不死必亡。重阳者亡，故火不吉也。地之义柔弱沉静不动，其吉保安也；无刚救之，则穷贱遗亡。重阴者沉，故水不吉也。
>
> 故武之义保功而恒死，文之义保安而恒穷。是故柔而不柱，然后文而能胜也；刚而不折，然而后武而能安也。

这也是取其人道教训，所谓"故《易》，刚者使知惧，柔者使知刚"⑧。所以《易之义》讲"盈而能虚""刚而能让""武而知安""文而知胜"，又说"废则不可入于谋，胜则不可与戒，忌者不可与亲"，这些都是有关成败得失的教训。以及"君子穷不忘达，安不忘亡"，"君子言于无罪之外，不言于有罪之内，是

---

⑧ 《要》十四行。

谓重福",都是为了保功保成保存保胜,而避免危亡败损。这种学《易》的取向与德行派不同,如《象传》讲损、益两卦,就只讲"山下有泽,损。君子以惩忿窒欲"。"风雷,益。君子以见善则迁,有过则改。"而《易之义》与《象传》不同,说"损,以远害也;益,以兴礼也;困,以避咎也"。

《二三子问》在用《易》取向上,亦表现此种特点。如对"时"的强调,《二三子问》解释"君子终日乾乾"说:"此言君子务时,时至而动。"又说:"时尽而止之以置身,置身而静。"其解释"括囊,无咎无誉"说:"此言箴小人之口也。小人多言多过,多过,多事多患。"其解释"艮其辅,言有序"说:"言也,吉凶之至也。必皆于言语,择善而言恶,择利而言害,塞人之美,阳人之恶,可谓无德,其凶亦宜矣。君子虑之内,发之……不言害,塞人之恶,阳人之美,可谓有序矣。"其解释"亢龙有悔"说:"此言为上而骄下,骄下而不殆者,未之有也。圣人之立政也,若循木,愈高愈畏下。"所有这些,都不是告诫人在内在的德性上应当如何,而是告诫人在社会行动中如何避免失败。如果从道德中心主义的角度来看,则强调只问行义、不顾利害,或者认为行德义在实际上可带来最终的成功。无论如何,此派是不落在功利来讲。而注重成败损益的一派则直接告诫人要少说话,说别人的好话,说话要注意时机等。《二三子问》还提出:"务几者,成存其人,不言吉凶。"这种不言吉凶的解《易》宗旨,表面上看与《要》是相同的,但它主张吸取的人道教训,主要不是德行的升进,而是成败的经验。"务几"就是注重研究存亡进退之几。

根据一般对齐鲁文化对比的研究，推知此种注重损益得失的儒家易学，可能是属于齐国儒学发展出来的。与鲁国受周公的影响不同，齐国本来是受太公的影响，春秋时代又有管仲这样的思想家和管子学派，对实际功利得失，较为注意。稷下学宫可以说是以管子学派为主导的。在此种环境中发展的齐国儒学，便比较重视这一被鲁国儒学所忽视的一面。当然《易之义》《二三子问》并不是只讲损益得失，也有讲到德的地方，这是因为他们仍是儒家易学。同时，因受齐国的文化环境的影响，这两篇也带有一些兼容并包的性质。

三 占吉凶——帛书《系辞》

前面说过，《要》篇引出了两个问题，上节回答了第一个问题，说明了儒家易学亦有重视损益成败的一派；但还没有回答第二个问题，还未说明儒家易学是否放弃以卜筮而明吉凶。这个问题，我们要以帛书中的《系辞》来说明。

《系辞》中有关吉凶的说法多得不可胜数。如"极数知来之谓占，通变之谓事，阴阳（不测）之谓神"。"圣人有以见天下之动而观其会同，以行其典礼，系辞焉以断其吉凶。""吉凶与民同患，神以知来，知以藏往。""动静有常，刚柔断矣。方以类聚，物以群分，吉凶生矣。""圣人设卦观象，系辞焉而明吉凶，刚柔相推而生变化。是故，吉凶者，失得之象也；悔吝者，忧虞之象也。""吉凶者，言乎其得失也；悔吝者，言乎其小疵也；无咎者，善补过也。""辨吉凶者存乎辞，忧悔吝者存乎介","探赜索隐,钩深致远,以定天下之吉凶,成天下之亹亹者,莫大乎蓍龟"。"爻也者,效天下之动者也。是故吉凶生而悔吝著也。"

《系辞》的首要特点,与其他也讲吉凶的儒家易学相比,是在鲁儒易学重德义和齐儒易学重损益的基础上,更突出向"天道变化"方面发展,并提出了较全面的易学观。《系辞》特别重视吉凶变化,而《系辞》所讲的吉凶变化,是从天道到人道,从自然造化到易道变化。所以《系辞》一开始就描绘了一个广大宇宙无穷变化的宏观图景:

> 天尊地卑,乾坤定矣。卑高以陈,贵贱位矣。动静有常,刚柔断矣。方以类聚,物以群分,吉凶生矣。在天成象,在地成形,变化见矣。是故刚柔相摩,八卦相荡,鼓之以雷霆,润之以风雨;日月运行,一寒一暑,乾道成男,坤道成女,乾知大始,坤作成物。

《系辞》的基本思路是"《易》与天地准",即《易》是反映、摹拟天地变化的,故先着力刻画出自然的永久变易的图像,在《系辞》的作者看来,一方面天地有定位,动静有常则,万物有群类,这是一个有序的世界;另一方面,阴阳交感,八卦相互推移,万物处于永久的变化之中,这是一个变动无常的世界。如何了解这些变化,在变化的初始就能掌握它,这就是《周易》体系的任务。

其次,《系辞》虽然引孔子的话:"夫《易》,圣人所以崇德而广业也",但《系辞》没有把重点放在如何用《易》以"崇德"的方面,而是大力赞美《易》的"广业"。⑨ 可以说,赞美《易》体系的广大深远,赞美《易》作为象征、模拟体系可以配合、包括、体现天地变化,是《系辞》的主要内容,整个《系辞》可以说就是要论证《易》的彰往察来是如何可能的。《系辞》说:

> 《易》与天地准,故能弥纶天地之道。仰以观于天文,俯以察于地理,是故知幽明之故;原始反终,故知死生之说;精气为物,游魂为变,是故知鬼神之情状。与天地相似,故不违;知周乎万物而道济天下,故不过;旁行而不流,乐天知命,故不忧;安土敦乎仁,故能爱。范围天地之化而不过,曲成万物而不遗,通乎昼夜之道而知,故神无方而《易》无体。

在《系辞》作者的笔下,《易》成了对于宇宙本源、万物生死、自然法则以及大千世界的种种奥妙无所不知的体系。这成为对根据《周易》来行卜筮而明吉凶的理论论证。

最后,也是最突出的,是《系辞》着眼的焦点,其实并不是要求了解宇宙万物在科学意义上的变化规律,而是在乎人事的"吉凶"和通过卜筮以"明吉凶":

---

⑨ 通行本《系辞下》第七章三陈九卦论"德之基""德之柄""德之本""德之固""德之修"的文字,在帛书中见于《易之义》,为帛书《系辞》中所无。

> 圣人设卦观象，系辞焉而明吉凶，刚柔相推而生变化。是故，吉凶者，失得之象也；悔吝者，忧虞之象也；变化者，进退之象也；刚柔者，昼夜之象也。

设卦作《易》的目的，就是观象而明吉凶，《易》之卦象卦辞中的"吉凶""悔吝"都是表示人事得失进退的象征，在《系辞》的作者看来，《易》的本质就是极数知来，会通变化，断其吉凶。《系辞》的全部内容都是以确认卜筮的有效性为基本前提的。

所以，《系辞》的用《易》之道是：

> 是故，君子所居而安者，《易》之象也；所乐而玩者，爻之辞也。是故君子居则观其象而玩其辞，动则观其变而玩其占，是以"自天祐之，吉无不利"。

"所居而安者，《易》之象也"，"象"字本作"序"，但汉唐注家颇有以为当作"象"，与下文较合。这就是说，用《易》之道主要有二，一是"居则观其象而玩其辞"，一是"动则观其变而玩其占"。这里的"所乐而玩者，爻之辞""玩其辞"使我们想到《要》篇里的"乐其辞"，至少在这里可以看出，《要》篇只讲"乐其辞"，而《系辞》在"玩其辞"之外，还重视"玩其占"，这显然是和《系辞》重视明吉凶密切联系着的。当然，《要》篇的"乐其辞"与《系辞》的"玩其辞"也不完全相同，前者只讲德义之辞。

《系辞》在后面又引用孔子的话"易有圣人之道四焉",而且加以发挥,认为"易有圣人之道四"是包含了卜筮的:

> 《易》有圣人之道四焉:以言者尚其辞;以动者尚其变;以制器者尚其象;以卜筮者尚其占。是以君子将有为也,将有行也,问焉而以言,其受命也如响,无有远近幽深,遂知来物。

这就是说,有四种用《易》之道都是圣人所肯定的,即用《易》以修辞立言,用《易》以指导行动,用《易》以制作器物,用《易》以占筮吉凶。

《系辞》开始的时候说"居则观象玩辞""动则观变玩占",是把用《易》之道从"静"和"动"来分别的。而在这里讲"《易》有圣人之道四"的说法中,则是把这四种平列开来,无分于动静。在这四种里面,"以制器者尚其象",只可用于说明上古三皇五帝时代文明初创的事迹,不是常人用《易》所要考虑的。而"以动者尚其变"和"以卜筮者尚其占"其实是一回事,朱熹就曾说过:"以动者尚其变,已是卜筮了,《易》以变者占,故曰'君子居则观其象而玩其辞,动则观其变而玩其占'。"[10] 可见,《易》有圣人之道四,其实归结起来,还是两点:

以言者尚其辞——居则观其象而玩其辞
以动者尚其占——动则观其变而玩其占

而《系辞》更强调的其实是"观其变而玩其占",所以它在列举

---

[10] 《朱子语类》卷六十七,中华书局,1986年,第1658页。

了"《易》有圣人之道四"以后,别的都不提,而径直归结为"是以君子将有为也,将有行也,问焉而以言",这"将有行也"就是指"动"而言,"问焉"就是指卜筮以断吉凶。所以,《系辞》的论述方式是由天道到易道,其学《易》宗旨是归结为以卜筮而"明吉凶"。这与鲁儒易学的"尊德义"宗旨或齐儒易学在兼容并包中重视成败损益的规律,都不相同。

应当指出,《系辞》的一个特点是,它所讲的吉凶不限于一人一家,而是"与民同患"的吉凶祸福:"圣人以此洗心,退藏于密,吉凶与民同患。……是以明于天之道,而察于民之故,是兴神物,以前民用。"

《系辞》则应是楚地儒学所完成的。其特点是重视天道变化,从天道延伸到易道,"天易相应"是《系辞》的根本原理。同时《系辞》对卜筮的强调似与楚地史巫文化色彩的浓厚影响有关。蒙文通早指出:"《易传》义虽精至,似别为统绪,若与思孟不相闻接。谅易学别为儒学之行于南方者。诸子征《易》辞,始于荀卿,荀氏亦征《道经》,当为荀卿所受于楚人之传。卿每并称仲尼、子弓,知即传《易》之楚人馯臂子弓。"[11] 郭沫若亦主张《系辞》《象传》带着南方的色彩,出于楚国的儒学门徒,也受荀子的影响。[12] 荀子曾在齐稷下,后游楚,他的学问所传兼有齐、楚的特色,是不奇怪的。《系辞》的特点正是如此。

---

[11] 蒙文通:《儒家哲学思想之发展》,载《蒙文通文集》第一卷《古学甄微》,巴蜀书社,1987年,第86页。

[12] 郭沫若:《〈周易〉制作之时代》,《郭沫若全集》历史篇第一卷,人民出版社,1982年,第393页。

郭沫若曾提出："从《易》的纯粹的思想上来说，它之强调着变化而透辟地采取着辩证的思维方式，在中国的思想史上的确是一大进步。而且那种思想的来源明白地是受着老子和孔子的影响的。老子说：'万物负阴而抱阳'。他认定了宇宙中有这种相反相成的两种对立的性质。孔子说：'天何言哉？四时行焉，百物生焉，天何言哉？'他认定了宇宙只是变化的过程。但到了《易》的作者来，他把阴阳二性的相生相克认为是变化之所以发生的宇宙的根本原理，他是完全把老子和孔子的思想综合了。由时代与生地看来，这项思想上演进的过程，对于子弓之为作《易》者的认定是最为适应的。子弓大约是和子思同时，比墨子稍后。那时的南方人多游学于北方，如《孟子》上所说的'陈良楚产也，悦周公、仲尼之道，北学于中国'。"郭氏此说前大部分都可赞同，唯独其结论以为《易》是子弓作，失于详考。如果把他的论证看作是对《系辞》出于子弓氏之儒一派的论证，那就比较顺理成章了。帛书的《系辞》"太极"作"大恒"，饶宗颐先生论证认为，楚文化一向重视"恒"，这一论点可以说是对《系辞》出于楚人说的支持。[13] 而本文以上的论述，则从《系辞》以重卜筮和"明吉凶"为宗旨的易学观，及其与鲁地儒门易学"尊德义"的易学宗旨的不同，论证其为受史巫文化影响较深的南方楚地儒者所完成。

---

[13] 饶宗颐：《帛书〈系辞传〉的大恒说》，《道家文化研究》第三辑，上海古籍出版社，1993年。

四 兼三才——小结

以上对帛书《易传》中不同的解《易》取向的类型分析,也可以说是"理想型"的分析。自然,鲁、齐、楚三地儒家易学的实际分别,是相对的,如德行派也不是完全不讲损益,损益派也不是完全不讲天地之道,卜筮派也不是不讲德业。只是说,三派各自强调了其中的一个方面,而形成了一种特色。孔门的易学,应是先在鲁地发生,后在齐地发展,最后在楚地综和之。

如果就学《易》的宗旨来看,应当说战国末期"三才之道"的提法较为全面,代表了先秦儒家易学逐渐融合的结果。通行本《说卦传》云:

> 昔者圣人之作《易》也,幽赞于神明而生蓍,参天两地而倚数,观变于阴阳而立卦,发挥于刚柔而生爻,和顺于道德而理于义,穷理尽性以至于命。
>
> 昔者圣人之作《易》也,将以顺性命之理。是以立天之道,曰阴与阳。立地之道,曰柔与刚。立人之道,曰仁与义。兼三才而两之……

在通行本《系辞下》第十章本有"《易》之为书也,广大悉备,有天道焉,有地道焉,有人道焉,兼三才而两之,故六"。但这一段不见于帛书《系辞》。⑭ 这两章的意思是相通的,"和顺于道德而理于义,穷理尽性以至于命"可以说就是"立人之道,曰仁与义";"观变于阴阳而立卦,发挥于刚柔而生爻"可以说就是"立地之道,曰柔与刚";而"幽赞于神明而生蓍,参天两地而倚数"可以说就是"立天之道,曰阴与阳"。

　　就儒家思想体系来说,其总的倾向是以达于德为中心,故《论语》《孟子》对此论述特多,而《易》为古之遗言,本是卜筮之书,故孔门用《易》亦多在人道之吉凶成败上体会,且不废卜筮,而不以之为纯粹进德之书。但孔门七十子及其门人,在各个不同的文化环境中发展,形成有不同侧重的学《易》方向。在帛书各篇中,《系辞》着重在"立天之道,曰阴与阳",《易之义》着重在"立地之道,曰柔与刚",《要》篇则重在"立人之道,曰仁与义",各突出一才。而全面的学《易》之道,还是应当"兼三才"。重天道者的长处在掌握自然变易的法则,重地道者注重讲求人事的成败得失,重人道者则强调提高人的道德德性。重天道者深于几,重地道者明于智,重人道者达于德。如果说通行本《系辞》晚于帛书本,那么,可以说,通行本《系辞》正是比帛书《系辞》在"兼三才"方面具有了更多的综合性,而更为全面。

1999 年 5 月写于大阪府吹田市

---

⑭　上引《说卦传》第一、二章则见于帛书《易之义》篇。

马王堆帛书《易传》的政治思想
——以《缪和》《昭力》为中心

  马王堆汉墓出土的帛书《易传》六篇,为战国中期至末期儒家的解易文献。其中《缪和》《昭力》两篇的释文发表稍迟,因此,对于这两篇文字的研究远少于对《二三子问》《要》《系辞》诸篇的研究。本文拟从政治思想的角度提出我对这两篇思想的观察。需要先说明的是,本文引用的帛书《易传》的材料,主要参考了廖名春和丁四新的释文和注释,① 但因本文不作文献学的研究,故下引帛书《易传》的文字,其中一些古体字、异体字、通假字,皆按传世古书的阅读习惯加以转写,如"又"径转写为"有","胃"皆转写为"谓","亓"转写为"其"等,

---

  ① 廖名春的释文见于其所著《帛书〈易传〉初探》,文史哲出版社,1998年。丁四新的释文,见于《儒藏》精华编二八一册之《马王堆汉墓帛书〈周易〉》,北京大学出版社,2007年。

以方便读者和排印。

一

在帛书《易传》之《要》篇的最后，记有孔子对门人谈"损益之道"的一段文字：

> 孔子繇（籀）《易》，至于损益二卦，未尚不废书而叹，戒门弟子曰：二三子！夫损益之道，不可不审察也，吉凶之［门］也。益之为卦也，春以授夏之时也，万物之所出也，长日之所至也，产之室也，故曰益。损者，秋以授冬之时也，万物之所老衰也，长［夕］之所至也，故曰［损］。产道穷焉，而产道□焉。益之始也吉，其终也凶；损之始凶，其终也吉。损益之道，足以观天地之变而君者之事已。是以察于损益之变者，不可动以忧憙。故明君不时不宿，不日不月，不卜不筮，而知吉与凶，顺于天地之也，此谓《易》道。故《易》有天道焉，而不可以日月星辰尽称也，故为之以阴阳；有地道焉，不可以水火金土木尽称也，故律之以柔刚；有人道焉，不可以父子君臣夫妇先后尽称也，故为之以上下；有四时之变焉，不可以万物尽称也，故为之以八卦。故《易》之为书也，一类不足以亟之，变以备其情者也。故谓之《易》有君道焉，五官六府不足尽称之，五正之事不足以产之，而诗书礼乐不□百篇，难以致之。不问于古法，不可顺以辞令，不可求以志

善。能者繇（从）一求之，所谓得一而君毕者，此之谓也。损益之道，足以观得失矣。②

其实，这里的孔子之曰，不一定是孔子的原话，可能是战国时代孔门后学对孔子的易学思想加以发挥而成文。照这里所载的孔子对弟子的讲话，《周易》是人用来把握宇宙万物的观念和图像体系，《周易》包含的天道，是要对天象星辰及其运行加以把握。但天有日、月、星、辰等各种天体，仅仅列举几种具体的天体，不足以涵盖所有天体，难以掌握天的存在本性，无法构成天道来说明天体的丰富存在和运动，所以《周易》用更为抽象的"阴阳"概念来把握天，以阴阳作为天道的要素。同理，地有金、木、水、火、土，但仅仅列举五行，不足以涵盖和掌握大地上各种各样事物存在的多样性，地道不能用五行来穷尽，也不能用五行来表明，所以《周易》用更为抽象的"刚柔"来作为构成地道的要素和原理。人道也是一样，人与人有各种关系，如君臣、父子、夫妇等，但不能用其中的任何一种具体关系来把握、表达人道，所以《周易》用"上下"来作为人道的要素。就包括天、地、人的整个宇宙来说，《周易》用八卦即八种卦象来象征和把握世界的多样存在。从哲学上说，这是认为，个别的存在物不能用来表达或掌握存在的多样性，不能用来把握作为原理的道，人必须摆脱个别性的思维，上升到更为抽象

---

② 帛书此段引文的"繇"字，这里参考丁四新校注，一转写为"籀"（孔子籀《易》），一转写为"从"（从一求之）。引文中的"故曰［损］"，损字为笔者所增，疑有脱落，盖当与上文"故曰益"为对比。

的元素或原理，才能掌握事物的普遍的存在特性和原理。

在这一段的叙述中，把人道归为"上下"的做法，显然是从政治统治的角度着眼的。事实上，在这一段里，以上所说的哲学论证，并不是为了一般地阐明个别性的"物"与普遍性的"道"的关系，而是用这种论证，归结到并说明"损益"对于"君道"的重要性。君道即为君之道，更普遍地说，即如何作政治领导者的治道。正如天道以阴阳为要素，地道以刚柔为要素，人道以上下为要素，君道是以损益为要素。孔子在这里的论证是，《周易》含有君道，但正如日月星辰不足以尽天道、五行不足以尽地道一样，五官、六府等职官不足以表达君道（《礼记·曲礼》篇："天子之五官：曰司徒、司马、司空、司士、司寇，典司五众。天子之六府：曰司土、司木、司水、司草、司器、司货，典司六职。"），五正等具体的政事也不能把握君道（《尚书》有"敬用五事""怠弃三正"的说法，《左传》有"职官五正"的说法）；《诗》《书》《礼》《乐》的文化内涵固然重要，但不同于政治管理的君道；其他如古代的法令、辞令也都不能说明此君道。唯有《周易》的损益二卦，其中的道理（损益之道）才能够表达君道，故说"损益之道，足以观天地之变而君者之事已"。损益之道既能用以观察天地之变，又能帮助君主"明吉凶、顺天地"。明智的君主不必祭祀和卜筮，只要用损益之道观察处理事物，就能知晓吉凶顺逆，行动就不会有差误。把损益之道作为君者之事、作为君道，体现了《要》篇从政治思想角度理解损益二卦的特点。[③]

[③] 关于《要》篇的知损益的君道，邢文已有论述，见其论文《"损益"与"君道"》，载《道家文化研究》第十八辑，生活·读书·新知三联书店，2000年。

关于损益的内容，这里的"孔子曰"认为，损益之道是吉凶之门，益卦当春生夏长之时，代表生长的原理；但益之至是夏至日，自此阴气生长，发展停滞，故说"益之始也吉，其终也凶"。损当秋敛冬藏之时，代表衰老的原理；但损之极是冬至日，自此一阳来复，故说"损之始凶，其终也吉"。这种观察是很有些辩证思维的。它通过对自然四季循环变化的观察，希望人们了解，事业发展壮大之时，有可能盛极而衰；事业停滞不顺之时，有可能否极泰来，人要关注事物的变化，随时调整自己的行为。不留意损益之道，就不能避凶趋吉，无法在得失成败中保持不败。这种君道论，把对自然和历史变化的宏观把握作为君主的要务，实际上强调了哲学思维对政治领导的重要性，也体现了中国古代政治哲学的特色。

二

《要》篇的"《易》有君道焉"的思路，又见于《昭力》篇，其中说：

> 昭力问曰："《易》有国君之义乎？"子曰："师之'王参赐命'与比之'王参殴'，与泰之'自邑告命'者，三者国君之义也。"昭力曰："可得闻乎？"子［曰］："昔之君国者，君亲赐其大夫，大夫亲赐其百官，此之谓参诏。君之自大而亡国者，其臣厉以最谋。君臣不相知，则远人无劝矣，乱之所生于忘者也。是故君以爱人为德，则大夫共德，

将军禁单；君以武为德，则大夫薄人，[将军凌上]。悭君以资财为德，则大夫贱人，而将军走利。是故失国之罪必在君之不知大夫也。《易》曰：'王参赐命，无咎。'为人君而能亟赐其命，夫国何失之有？"又问："比之'王[参]殹'，何谓也？"子曰："昔□□□人，以察教之，以义付之；以刑杀当罪而人服，君乃服小节以无（先）人曰义。为上且獸有不能，人为下何无过之有？夫失之前，将戒诸后，此之谓教而戒之。《易》[曰：比]之'王参殹，失前禽，邑人不戒，吉'。若为人君殹者，其人孙戒在前，何不吉之有？"又问曰："泰之'自邑告命'，何谓也？"子曰："昔之贤君也，明以察乎人之欲恶，《诗》《书》以成其虑，外内亲贤以为纪冈，夫人弗告则弗识，弗将不达，弗遂不成。《易》曰泰之'自邑告命，吉'，自君告人之谓也。"

所谓《易》有国君之义，即《易》包含了君道、为君之道，不过，与《要》篇的"《易》有君道"重在强调对社会历史的宏观辩证观察不同，《昭力》的"《易》有国君之义"偏重在具体的对于"君""臣"关系的处理原则上。

  这里的"子曰"分别举出师卦、比卦、泰卦的三条爻辞，认为这三条爻辞所讲的道理即"国君之义"。分而言之，师卦的爻辞"王参赐命，无咎"（今本师九二爻辞作"无咎，王三锡命"，义同，而文序不同），是说各级君主（封建制时代的）嘉赐给臣下爵位资财，臣下报答君主，这就达到君臣相知，因而没有祸患。如果违背了这条"赐命"的道理，君主自高自大，吝惜资财爵位，不能与臣相知，臣下就会作乱。所以按照《周易》这一条的道理，"君以爱人为德"，而不能"君以资财为德"，君主爱人，就要乐于赏赐臣下；如果君主以资财为德，就会失其蓄臣之道（见下），就有失国之祸。

比卦的"王参殴，失前禽，邑人不戒，吉"（今本比九五爻辞作"王用三驱，失前禽，邑人不诫，吉"，"殴"通"驱"，帛书本此处少一"用"字），"子曰"解说此爻辞之义，认为这是说人不可能不犯过失，君主对于臣下，应当以臣下从前的过失，加以教育和告诫，注重事前的教育训诫，这样就可以使臣下减少过失；即使犯了过失而受到惩罚，也会甘心服罪。用帛书《易传》的话，教诫在前，何不吉之有？

泰卦的爻辞"自邑告命，吉"（今本泰上六爻辞"自邑告命，贞吝"，今本作"贞吝"与帛书本作"吉"不同），告命一般指报告政事，如《左传》所用。传文这里的"自君告人"当指劝勉，近于本篇论卿大夫之义的"督诰"。照这里"子曰"的理解，这是强调贤明的国君能明察人的好恶，诵习《诗》《书》以养其内心，亲近贤人作为纲纪。

这三条，概括起来说，就是为君之道关键在处理君臣关系，要多赐命给臣下，要注重事前对臣的教诫，要劝勉臣下。帛书《易传》对《易经》文本的这种发挥，完全超出了文本的本来语义，极力扩张其内涵，这种"因文生义"的解说充分显示了儒家易学在利用经典文本上的解释主动性。从这里也可以看出，帛书《易传》所谓国君之义，所谓君道，就是指如何作君主的方法，似近于古人所说的"主术"，即人主之术。但一般所说的主术其焦点在于如何驾驭臣下以维护君主的统治,而帛书《易传》这里则提出"贤君"的观念,贤君便不是注重以权势驾驭臣下,而是既能妥善处理君臣关系、使臣下有服务君主的内在积极性,又符合"贤"的道德标准的君主。

三

《昭力》不仅论"《易》有国君之道",也明确肯定"《易》有卿大夫之道",这也是此篇政治思想的体现:

> 昭力问曰:"《易》有卿大夫之义乎?"子曰:"师之'左次'与'阑舆之卫'与'豮豕之牙'参者,大夫之所以治其国而安其[民也]。"昭力曰:"可得闻乎?"子曰:"昔之善为大夫者,必敬其百姓之顺德,忠信以先之,修其兵甲而备之,长贤而劝之,不乘朕名以教其人,不羞卑隃以安社稷。其将督诰也,吐言以为人次;其将报□[也],史一以为人次;其将取利,必先其义以为人次。《易》曰:'师左次,无咎。'之有师也者,人之聚也。次也者,君之立也。见事而能左其主,何咎之有?"问"阑舆"之义。子曰:"上正卫国以德,次正卫国以力,下正卫[国]以兵。卫国以德者,必和其君臣之节,不以耳之所闻败目之所见,故权臣不作,同父子之欲,以固其亲。百姓之劝,以禁违教,察人所疾,不作苛心。是故大国属力焉,而小国归德焉。城郭弗修,五兵弗实,而天下皆服焉。《易》曰:'阑

舆之卫,利有攸往。'若舆且可以阑然卫之,况以德乎?何不吉之有?"又问:"'豮豕之牙',何谓也?"子曰:"古之伎强者也,伎强以侍难也。上正卫兵而弗用,次正用兵而弗先也,下正锐兵而后威。几兵而弗用者,调爱其百生(姓)而敬其士臣,强争其时而让其成利。文人为令,武夫用国,修兵不解,卒伍必固,权谋不让,怨弗先昌。是故其士骄而不顷,其人调而不野。大国礼之,小国事之,危国献焉,力国助焉,远国依焉,近国固焉。上正陲衣裳以来远人,次正橐弓矢以伏天下。《易》曰:'豮豕之牙,吉。'夫豕之牙成而不用者也,又笑而后见。言国修兵不战而威之谓也。此大夫之用也,卿大夫之事也。"

《周易》被当时人认为是人事智慧的渊薮,人如何应用《周易》来处理国家和政治事务?马王堆帛书《易传》显示出当时人们在利用《易经》文本为资源来追求"治国安民"的认真努力。《易传》的作者对《易经》文本原本简略的爻辞,极尽扩张解释之能事,把作者自己的儒家价值立场、政治主张赋予其中,究其原因,无疑是因为在当时《周易》的文本已经定型并具有崇高的权威性。儒家深有见于此,所以在传学《周易》时,将其思想主张加入其中,以解经的方式发挥义理,以经世致用。

面对昭力的问题"《易》有卿大夫之义乎","子曰"提出《易经》的三条爻辞作为回答,这三条爻辞,一条见于师卦,二条见于大畜卦。"子曰"认为这三条就是《易经》中有关"大夫之所以治其国而安其民"的要点。

师卦的一条是"师左次，无咎"。今本师六四爻辞与帛书本相同。根据子曰的理解，所谓左次，是"以为人次"的意思，人次即做人的准则。卿大夫之道在于，"敬其百姓之顺德，忠信以先之，修其兵甲而备之，长贤而劝之"，这样来为民作则；也就是以忠信教化人民（"教其人"），以修整兵备保护国家（"安社稷"），让贤人做领导来鼓励督促人民，特别是"其将取利，必先其义以为人次"，主张要把正确处理义利关系作为人的准则，这些就是卿大夫治国安民之道。传文还指出，行为的准则是君主所立，卿大夫处理事务注重这些准则，就是辅佐君主。

第二条《易》辞"阑舆之卫，利有攸往"，今本大畜卦九三爻辞作"曰闲舆卫，利有攸往"（《说文》："阑，闲也"），帛书文字较胜。"子曰"认为这本来是讲用栅栏、车舆来防卫，④ 引申为国家的防卫。国家的防卫，有三种方式："上正卫国以德，次正卫国以力，下正卫〔国〕以兵"，上等的方法是用"德"来防卫，次等的方法是用"力"来防卫，下等的方法是用"兵"。卫国以德，就是君臣要和睦，君主不能听信间接的传闻，必须依据自己的亲眼所见，来用人、施政；要巩固亲属关系，要以赏赐来鼓励百姓。这样的国家，即使不修城郭，不修兵备，天下无论大国小国，都会归服。在《易经》此卦的原文中并没有涉及德的问题，而这里的"子曰"则充分发挥儒家"以德卫国"的思想。这里的德不是个人的道德，而是国家的德政。"子曰"强调，比起德政，国家倚靠实力和用兵来防卫，都不是最佳的选择。

---

④ 帛书《昭力》所引大畜九三爻辞，较今本为顺，甚为显然。

第三条《易》辞是"豮豕之牙，吉"，与今本大畜卦六五爻辞，"豮豕之牙，吉"相同。牙是防卫与进攻的利器，"子曰"认为这一爻辞本是讲小猪"牙成而不用""笑而后见"。其治国意义则是讲用兵的策略，其中也分为三等：上等的方法是"卫兵而弗用"，次等的方法是"用兵而弗先"，下等的方法是"锐兵而后威"。"卫兵而弗用"即修兵不用兵，但具有威慑作用；不仅有威慑作用，又有亲和的吸引力。其具体内容就是施行德政、教化、爱护百姓，敬其下属士臣，垂衣裳而来远人。按"来远人"之说可见于《左传》襄公十一年"夫乐以安德，义以处之，礼以行之，信以守之，仁以厉之，而后可以殿邦国、同福禄、来远人，所谓乐也"。《管子·问》"以来远人"，《周礼·大司乐》"以说远人"，《礼记·中庸》"柔远人则四方归之"，意思皆相近。

可注意的是，虽然此章是说"大夫之用""卿大夫之事"，但与前述"国君之义"相通，盖战国时许多诸侯国皆由卿大夫主政，其管理国家的权力和施用与国君管理国家并无不同，如卫国之道。但前面论及的君道，主要是如何对待和使用大臣，而此章的论卿大夫之道，倒是有不少关于治国安民之道的讨论，包含了比较具体的关于理想政治的政治思想。

由上面也可见，帛书《易传》如《昭力》篇，其引《易》之本文，或引卦名，或直接引"《易》曰"而不引卦名。另外，帛书本所引爻辞与今本也多有异同。因本文对于帛书《易传》引《易》的文辞不作专门研究，故不在此详加讨论。

四

现在来看《缪和》篇,此篇的文字是《昭力》的五倍之多,内容也比《昭力》要丰富得多。

由缪和发问的部分,在此篇之首,其第一段是:

> 缪和问于先生曰:"请问,《易》涣之九二曰'涣贲其阶,悔亡。'此辞吾甚疑焉,请问此之所谓?"[子]曰:"夫《易》明君之守也。……涣者,散也。贲阶,几也,时也。古之君子时福至则进取,时亡则以让。夫时至而能既焉,贲走其时,唯恐失之。故当其时而弗能用也,至于其失之也,唯欲为人用,岂可得也才!将何夫悔之有?……无千岁之国,无百岁之家,无十岁之能。夫福之于人也既焉,不可得而贲也,故曰贲福有央(殃)。圣人知福之难得而贲也,是以有矣。故《易》曰'涣贲其阶,悔亡',则□言于能贲其时,悔之亡也。"⑤

今本涣卦九二爻辞曰"涣奔其机,悔亡",与帛书《易传》所引相近。观帛书这里的解释,贲亦即奔之义,与今本同。首先,由"夫《易》明君之守也"可见,与前面几节一样,这里也是把《易经》作为"明君"施行政治领导的指针。针对"贲其

---

⑤ "贲福有(殃)"的"殃"字,廖本无,今从丁四新校注本增之。另外,是以"有殃"的"殃"字原作"矣",为笔者据文义改正。

阶","子曰"在这里强调做领导者掌握时机的重要性，认为这是讲时机到了就要进取，时机过了就应退让。如果时机来了也有能力做，就应奔走抓紧，唯恐失去时机。如果时机来了却不能用，以致丧失了时机，再要去用，就不可能得到了。这里提出了一个重要的思想，即"福"和"时"是关联着的，没有脱离了"时"的"福"，所以"子曰"用了"时福"的概念，表示福是有时间性的，认为对国、对家、对人，都没有永久的福，如果时福过去，人们再奔走追求也没有用，而且会有悔有殃。⑥

接下来，是缪和发问的第二段：

> 缪和问于先生曰："凡生于天下者，无愚知贤不宵，莫不愿利达显荣。今《周易》曰：'困，亨；贞，大人吉；无咎；有言［不］信。'敢问大人何吉于此乎？"子曰："此圣人之所重言也，曰'有言不信'。凡天之道，壹阴壹阳，壹短壹长，壹晦壹明。夫人道仇之。是故汤［囚于桀］王，文王絇于羑里，［秦缪公困］于殽，齐桓公辱于长勺，越王勾践困于［会稽］，晋文君困［于］骊氏。古古至今，伯王之君未尝困而能□□［者，未之有］也。夫困之为达也，亦猷□ □□□□□其□□□□□□□□□□□□故《易》曰：'困，亨；贞，大人吉，无［咎；又言不信。'此］之谓也。"

---

⑥ 《二三子问》也强调"务时"："君子务时，时至而动，……时尽而止之以置身，置身而静。"

问者的问题是,人莫不愿追求富贵利达,摆脱困境,何以《周易》的困卦为亨且吉呢?"子曰"回答说,《易经》是圣人之言,但人们往往不相信。天道运行是一阴一阳的不断循环,一短一长的不断往复,一晦一明的不断交替。仇即合,人道与天道相合,所以人事上也是困与达迭相交错,有困才有达,困而后达,历史上有很多这样的事例。

关于这段文字中"是故汤"以下的一段文字,《说苑·杂言》有一段与之最为接近:

> 孔子曰:"恶,是何言也?语不云乎?三折肱而成良医。夫陈、蔡之间,丘之幸也。二三子从丘者,皆幸人也。吾闻人君不困不成王,列士不困不成行。昔者汤困于吕,文王困于羑里,秦穆公困于殽,齐桓困于长勺,勾践困于会稽,晋文困于骊氏。夫困之为道,从寒之及暖,暖之及寒也,唯贤者独知而难言之也。《易》曰:'困,亨,贞,大人吉,无咎。有言不信。'圣人所与人难言,信也。"

《说苑》这里的寒暖与帛本的晦明、阴阳之意相通。换言之,《缪和》篇这里的"子曰",在《说苑》是为"孔子曰",这也是有些学者主张《缪和》篇的子曰即为孔子讲说的理由之一。[⑦] 此外,帛书本此段中有阙文,而《说苑》载录则很完整,其中

[⑦] 参见郭沂:《〈缪和〉、〈昭力〉中的"子曰"为孔子之语》,见简帛研究网(2001)。丁四新:《帛书〈缪和〉、〈昭力〉"子曰"辨》,载《中国哲学史》2001年第3期。

所载的"人君不困不成王",把困卦对于"人君"的意义更清楚地突出出来。由此推测,帛书《缪和》中阙文的一句可能当作"伯王之君未尝困而能成王者,未之有也"。

现在来看缪和发问的第三段:

> 翏(缪)和问先生曰:"吾闻先君,其[举]义措法、发[号]施令于天下也,皎焉若□□□□□世,循者不惑眩焉。今《易》丰之九四曰:'丰其剖(蔀),日中见斗,遇其夷主,吉。'何谓也?"子曰:"丰者,大也。剖(蔀)者,小也。此言小大之不惑也。盖君之为爵立(位)赏庆也,若体势然。大能奋细,故上能使下,君能令臣。是以动则有功,静则有名,列埶(势)尤尊,赏禄甚厚。能弄傅君而国不损币者,盖无有矣。日中见斗,夫日者,君也。斗者,臣也。日中而斗见,君将失其光矣。日中必倾,几失君之德矣。遇者,见也。见夷主者,其始梦(萌)兆而亟见之者也,其秦翏(穆)公、荆庄、晋文、齐桓是也。故《易》曰:'丰其剖(蔀),日中见斗,遇其夷主,吉。'此之谓也。"⑧

缪和的问题是,君主发布和施行法令,必须明明白白,使人得以遵循而无疑惑,但为什么在《周易》丰卦的九四爻辞里,太阳的光明被遮蔽,反而有吉?今本丰九四爻辞为"丰其蔀,日中见斗,遇其夷主,吉",与帛书此处所引相同。"子曰"的回

---

⑧ 爵立之"立",廖名春认为即"位"字,其说甚确。

答是，丰大蔀小，"丰其蔀"之意为君主厚其赏庆，以使令臣下，强调君主必须分清主次大小，如果君主可以丰厚的禄位赏赐臣下，就可以理顺政治关系，于是上能使下，君能令臣，驾驭臣下。君主施行赏赐以促使臣下为君主卖力，而国家受损，这是没有的事。所以明君必须掌握"蓄臣"之道。不过，这一段里"子曰"对丰其蔀的解说，似与后面对"日中见斗"的解释不连接，其对"日中见斗"的解释是，君主被臣下所蔽而失其明德，但遇见夷主如秦穆公，故能转而为吉。这种解释在政治思想上有何意义，仍有待研究。

在《缪和》篇另外几处，也都提到君主应以赏庆爵列"劝"励臣民，如论涣之六四：

> 子曰："明王［圣］君□□□□□□然，立为刑辟，以散其群党，执为赏庆爵列，以劝其下群臣黔首男女。夫人渴力尽知归心于上，莫敢偙党侍君，而主将何求于人矣？其曰'涣其群，元吉'，不亦宜乎？"⑨

主张明王一方面要立为刑法，整治群党，维护君主的权力；另一方面"执为赏庆爵列，以劝其下群臣黔首男女"，掌握有效的激励方式动员和鼓励臣下和民人为国尽力。又论及归妹上六时言：

---

⑨ 明王圣君的"君"字，廖名春《马王堆帛书〈周易〉经传释文》（杨世文等编《易学集成》，第3048页，四川大学出版社，1998年）已补出，丁四新（2006）又补。

> 贪乳（乱）之君不然，群臣虚立，皆有外志，君无赏罚以劝之。其于小人也，赋敛无根，耆欲无猒（厌），征求无时。财尽而人力屈，不朕上求。众有离□而上弗恤，此所以亡其国以及其身也。夫明君之畜其臣也，不虚忠臣之事，其君也有实，上下週实，此所以长有令名于天下也。

与明君相反，贪乱之君不能立赏罚以劝臣下，对于人民则横征暴敛，如此则必然亡国亡身。明君的蓄臣之道，要让忠臣获得实惠，君主自己也会得到实在的回报。

《缪和》强调君主的为君之道，要以爱人为德，爱人表现为以爵位资财赏赐臣下，从而使臣下为君主尽力，这种思想，应当说，与《中庸》所说的"尊其位，重其禄""官盛任使""忠信重禄"的"所以劝大臣""所以劝士"之道，是一致的。⑩ 从这个思想来看，虽然是战国儒家政治思想的一部分，但这种对爱人的政治学解释，并不像是孔子本人的思想，可能是战国中后期儒家在政治上的发挥。

五

在由缪和发问的三段以后，列有其他弟子向老师的发问，而老师作答。在吕昌问的一条中，子曰的回答如下：

> ……夫易，上圣之治也。古君子处尊思卑，处贵思贱，

---

⑩ 见《中庸》第二十章，"凡为天下国家有九经"。

处富思贫,处乐思劳。君子能思此四者,是以长有其利,而名与天地俱。今《易》曰"屯其膏",此言自闰者也。夫处上立厚自利而不自血下,小之猷可,大之必凶。且夫君国有人而厚佥,致正以自封也,而不顾其人,此余也。夫能见其将□□□□,未失君人之道也。其小之吉,不亦宜乎?物未梦兆而先知之者,圣人之志也,三代所以治其国也。故《易》曰:"屯其膏,小,贞吉;大,贞凶。"此之谓也。

这是认为《周易》贯穿了圣人之治的思想,总结了三代所以治国的道理,提出了正确的"君人之道",这就是四处四思:"处尊思卑,处贵思贱,处富思贫,处乐思劳。"这种思想是继承了西周以来的忧患意识,强调君主在事业发展顺利时不要忘记困难,如《尚书·周官》说"居宠思危",《左传》襄公十一年引为"居安思危"。至于《左传》昭公二十八年"居利思义",则把此种忧患意识转为道德的自觉,《论语·季氏》更加以发展:孔子曰:"君子有九思:视思明,听思聪,色思温,貌思恭,言思忠,事思敬,疑思问,忿思难,见得思义。"值得注意的是,这里所说的"君人之道",不是直接诉诸处君臣关系或君民关系,也不是内政外交的策略,而是以治国者的自处之道为基础。治国者只有做到这四处四思,社会才能长治久安,而且君主可名扬四海。至于切就屯卦九五爻辞,则强调君主应当恤利下民,杜绝厚敛自利。

因此,治国者必须要作君子,努力学习和修养,故子曰在

马王堆帛书《易传》的政治思想

回答吕昌的问题时说：

> 弗知而好学，身之赖也，故曰"利［贞］"。君子于仁义之道也，虽弗身能，岂能已哉？日夜不休，终身不倦，日日载载，必成而后止。故《易》曰："蒙，亨；非我求童蒙，童蒙求我；初筮吉，再参读，读则不吉；利贞。"此之谓也。

这是谈论蒙卦的卦辞，"读"通"渎"。"子曰"强调，蒙卦卦辞的意思是，君子对于仁义之道，虽然尚未能全部身体力行，但不能停止努力，要好学不倦，日夜不休，一定要"成而后止"。这显然是和《论语》中的好学思想相同的主张。这里的"成"应当也包含了"成人"的意思，故又说："夫内之不咎，外之不逆，笃笃然能立志于天下，若此者，成人也。"成人能"闻其始而知其终，见其本而知其末"，虽然常人之心不如"成人"之知，常人之身不如"成人"之能，但只要追求仁义，好学不倦，反复问之，也可以成为"成人"。"弗知而好学，身之赖也"，包含了以好"学"来修"身"的思想。

在另一段问答里：

> 吴孟问先［生曰］："《易》中复之九二其辞曰'鸣鹤在阴，其子和之；我有好爵，吾与壐赢之。'何谓［也？"子］曰："夫《易》，圣君之所尊也。吾庸与焉乎？"……子曰："［鸣］鹤在阴，［君］者所独擅也。道之所见也，故曰'在

阴'。君者，人之父母也；人者，君之子也。君发号出令，以死力应之，故曰'其子和之'。'我有好爵，吾与尔靡之'者，夫爵禄在君，在人君，不□□□□□［明君之用］其人也，欣焉而欲利之；忠臣之事其君也，欢然而欲明之。欢欣交逅，此圣王之所以君天下也。故《易》曰：'鸣鹤［在］阴，其子和之；我有好爵，吾与尔靡之。'其此之谓乎？"

子曰认为，《周易》是圣君所尊崇的经文，"鸣鹤在阴，其子和之"，鸣鹤是君主，其子是民人，这是讲君民关系的，讲民要应和于君。复卦九二爻辞的意思是说，君为民之父母，民是君之子女；君发号令，而民对君主的号令应以全力奉行，这就是"其子和之"。至于"我有好爵，吾与尔靡之"，则是讲君臣关系，明君掌握爵禄的分配，能够积极地用利益来鼓励臣下；而忠臣事君，也会积极地促进君主明明德。君臣互相配合，圣君就能够主掌天下。这一条，就主张君主利用爵禄来"使其臣"，与上节论丰九四的思想一致；但这里同时主张忠臣要"明其君"，这就比丰卦的讨论更全面了，也显示出儒家思想的特点。

六

马王堆帛书《易传》有一特色，即对损益之道、谦德的重视，这在六篇中处处可见。而这种对谦、损之德的重视是从政治思想的角度出发的，《缪和》亦然：

（庄但）子曰："能下人若此，其吉也，不亦宜乎？舜取天下也，当此卦也。"子曰："聪明睿知守以愚，[博]闻强识守以浅，尊[禄]贵富守以卑。若此，故能君人。非舜，其孰能当之？"

这一条也是论及"君人"之道的，按《左传》宣公十二年"其君能下人，必能信用其民矣"。《系辞上》："劳谦，君子有终，吉。子曰：'劳而不伐，有功而不德，厚之至也。'语以其功下人者也。"能下人即甘居人下，或不以在上者自居，这是领导者有谦德的表现。"子曰"认为舜正是有此谦德，所以得天子之位。《荀子·宥坐》记载孔子有名的论损道的话，与这里的"子曰"相近：

孔子喟然而叹曰："吁！恶有满而不覆者哉！"子路曰："敢问持满有道乎？"孔子曰："聪明圣知，守之以愚；功被天下，守之以让；勇力抚世，守之以怯；富有四海，守之以谦。此所谓挹而损之之道也。"

《孔子家语·三恕》篇也载有类似的话，后二句作"功被天下守之以让；勇力振世守之以怯；富有四海守之以谦。此所谓损之又损之道也"。可见，《缪和》这里的"子曰"，在《荀子》和《家语》都是"孔子曰"，这也是学者认定此篇的"子曰"即是孔子说话的理由之一。满招损，谦受益，由《周易》谦卦最早阐发的这一人生真理，不仅在《老子》思想中得到发展，也在孔门传《易》之学中继续得到发挥，成为儒道共同推崇的人生之德。所谓持满，即努力保持兴盛，而避免衰落。而《缪和》的特点是，不仅提出了守谦以持满，而且把谦德作为君人之道，从政治思想上加以强调。

关于谦德或谦道，此篇之中，还有一段较长的论述：

> 张射问先生曰："自古至今，天下皆贵盛盈。今《周易》曰'谦，亨，君子有终'。敢问君子何亨于此乎？"子曰："善［哉！所］问是也。夫先君作势列爵立（位）之尊，明厚赏庆之名，此先君之所以劝其力也，宜矣。彼其贵之也，此非圣君之所贵也。夫圣君卑体屈貌以舒孙（逊），以下其人，能至（致）天下之人而有之。［非圣君，其］孰能以此终？"子曰："天之道崇高神明而好下，故万物归命焉；地之道精博以尚而安卑，故万物得生焉。圣君之道尊严睿知而弗以骄人，谦然比德而好后，故［天下归心焉］。《易》曰：'谦，亨，君子有终。'"子曰："谦者，歉然不足也。亨者，嘉好之会也。夫君人者以德下其人，人以死力报之。其亨也，不亦宜乎？"子曰："天道毁盈而益谦，地道销［盈而］流谦，［鬼神害盈而福谦］，人道亚盈而好谦。谦者，一物而四益者也；盈者，一物而四损者也。……谦之为道也，君子贵之。故曰：'谦，亨，君［子有终］。'盛盈［而能谦］下，非君子其孰当之？"

正如损与益相对，谦与盈相对。损与益、谦与盈，这是两组意义接近的对待。在我们前面第一节对损益的讨论中可见,《要》篇重视损益之道的重要性,但并未表现出对损道的强调,而在这里则明显发挥了守卑守谦的思想。在第一段"子曰"里,把"先君"和"圣君"加以比较,认为"先君"以高高在上之势,掌握爵禄以行赏赐,以求得激发、调动臣下的积极性。"先君"意近"先王",因为此处的君是指诸侯国国君,故称先君,不称先王。而"圣君"放低姿态,以谦下的态度对人,其结果反而能得到天下之人的拥护。在作者的叙述里,圣君显然是比先君更高的统治方式,这种统治方式更能实现广得人心的统治效果,是更为理想的统治方式。从这一点来看,圣君不仅能治一国,而且能统一天下。

第二段"子曰"从天地之道来论证谦德的优越性,提出天道好下,地道安卑,圣君之道不骄;意谓天地之道贵谦,故圣君以谦德赢得天下归心。这里无疑包含了这样的观点:天、地、人三者之道是统一的,人应当按照天地之道来行动。在前节讨论中曾提到,明君以爵禄赏赐驾驭下民,人民以死力应之,这更多地是讲人民应然如此。而这里则提出,圣君以德下人,人必以死力报之,这是讲人民实然能如此。从这里来看,先君、明君、圣君代表了不同的统治模式,其中圣君居于最高。

最后一段"子曰"的内容,亦见于今本谦卦彖辞"天道亏盈而益谦,地道变盈而流谦,鬼神害盈而福谦,人道恶盈而好谦";其在《韩诗外传》为"孔子曰",可见此说当与孔子有密切关系。对照谦之彖辞可知,毁即亏,"子曰"宣称谦道可使天、地、神、人四者得益,盈道则使天、地、神、人四者受损,而在实践上掌握损益之道，其要端在谦德。谦道是君子所贵，也只有君子才能当之。帛书《易传》的这种"反骄防满"的思想，也见于《二三子问》等其他篇。⑪

总的来看，帛书《易传》的政治思想，发挥孔子解《易》的思想，强调变化转化的历史观，提倡忧患意识，注重反骄守谦之道；同时主张以德治国，正确处理君臣关系，重视以赏赐劝励臣下，包含了比较全面的君道思想，也反映了战国中后期儒家在诸侯国政治实践上的主张。这些思想也显示出，古代中国的政治思想，在给定的历史条件下，主要关心的不是政治统治的制度形式（政治体制）的问题，而是治国艺术与方法的问题、美德与才能的问题、自然法则与人世规则的问题、教育与人性的问题等，总之，更为关注的是与具体的政治生活现实密切联系的问题。这是古代中国政治思想的特色，儒家的政治思想尤其是如此。

---

⑪ 《二三子问》篇："孔子曰：'此言为上而骄下，骄下而不殆者，未之有也。圣人之立正也，若循木，俞高俞畏下'。故曰'抗龙有悔'。"又言："吉，嗛（谦）也；凶，桥（骄）也。天乳（乱）骄而成嗛，地彻骄而实嗛，鬼神祸［骄而］福嗛，人亚（恶）骄而好［嗛］。……好善不伐也。夫不伐德者，君子也。"

后　记

　　1970年代以来，与哲学思想史有关的简帛文献的新发现，主要是马王堆帛书和郭店楚简、上博楚简。如果说，70年代马王堆帛书出土后主要是文字学学者参与研究的话，那么，90年代以来越来越多的思想史学者介入出土简帛文献的研究，如郭店楚简的发表和研究一开始就和思想史研究学者有关。目前，简帛研究仍以文字学、文献学学者为主，在哲学思想的讨论方面不够深入，这种局面应当改变。思想史研究的学者，不仅长于思想的哲学分析，也比较熟悉传世文献，理应在简帛研究领域发挥其应有的作用。事实上，在郭店楚简的研究方面，思想史学者已经显示出了自己的优势。

　　我对简帛文献的研究主要集中在三方面。第一是马王堆帛书《易传》。我最早接触简帛文献是90年代前期马王堆帛书《易传》刚刚发表的时候，我写了《马王堆帛书易传与孔门易学》，1994年发表于《国学研究》第二卷。后来，因参加台湾举办的易学会议，写了《帛书易传与先秦儒家易学之分派》，发表于《孔子研究》1999年第4期。比较新写的是《马王堆帛书〈易传〉的政治思想——以〈缪和〉〈昭力〉二篇之义为中心》，已发表在《北京大学学报（哲学社会科学版）》2008年第2期。

第二是郭店楚简。以其中的《性自命出》为中心。1998年4月在北京南口开会时我与庞朴先生提起新印郭店楚简文本，力促庞先生找来其中的儒家简文本一起讨论。当时庞先生在国际儒联任职，随即与同在国际儒联的姜广辉先生共同推动，于4月下旬影印了郭店楚简的儒家文献，分给在京的一些学者进行研究。分配给我的是《性自命出》，庞先生特别说，把最难的给你，于是我在4月底写就了研究此篇的初稿《荆门竹简之〈性自命出〉篇初探》。5月2日在国际儒联举行了郭店楚简儒家文献的第一次研讨会，我在会上以此篇的人性论及其与子游的关系为中心讲了我的研究，这应当是有关此篇的最早的研究，此文在1998年6月发表于《孔子研究》第3期，也刊载于次年1月出版的《中国哲学》第二十辑。1998年秋天，我又写了《郭店竹简儒家记说续探》，2000年1月刊载在《中国哲学》第二十一辑。1999年夏参加香港中文大学50年校庆会议，我提交了论文《儒家系谱之重建与史料困境之突破——郭店楚简儒书与先秦儒学研究》，并以此文参加了当年秋天在武汉大学的郭店楚简国际研讨会，故此文分别刊载于这两次会议的论文集，武汉大学的论文集是《郭店楚简国际学术研讨会论文集》，湖北人民出版社，2000年5月。此文又由友人吾妻重二教授译为日文，题《郭店楚簡の儒書と先秦儒学》（载《中国文学会纪要》第二十一号　平成十二年三月）。由于上博楚简各册出版较慢，所以我只在2001年

后 记

写了《郭店楚简〈性自命出〉与上博藏简〈性情论〉》，刊于《孔子研究》2002 年第 2 期，将两个文本作了初步比较，以后便未再跟进上博简的研究了。2005 年因参加庞朴先生在山东大学主持的儒学研究中心的会议，我对《性自命出》的思想义理重新加以研究，写了《郭店楚简与儒学的人性论》，刊于《儒林》第一辑，山东大学出版社 2005 年出版。

第三是竹简帛书《五行》篇。2006 年夏在哈佛，当时学校已经放假，教授、学生多不在校内，于是从燕京图书馆借一堆书，专心研究竹帛《五行》篇，一共写了四篇论文，即《竹帛〈五行〉篇为子思、孟子所作论——兼论郭店楚简〈五行〉篇出土的历史意义》（刊于《孔子研究》2007 年第 1 期）、《竹简〈五行〉章句简注——竹简〈五行〉分经解论》（刊于《孔子研究》2007 年第 3 期）、《竹简〈五行〉篇与子思思想研究》（刊于《北京大学学报（哲学社会科学版）》2007 年第 2 期）、《帛书〈五行〉篇说部思想研究——兼论帛书〈五行〉篇与孟子的思想》（刊于《中华文史论丛》2007 年第三辑），从作者、章句、思想等方面对《五行》作了比较系统的研究，全面地提出了我自己对《五行》篇新的看法。

承三联书店编辑的好意，允许我把这些讨论简帛文献的论文集结在一起，献给学界，对此，我是非常感谢三联朋友的慷慨的。由于此书之中，对于《五行》篇的研究比较系统，故定名为"竹帛《五行》与简帛研究"。个别篇名，收入本书时略有调整。本书对简帛文献的研究，一定有不周全的地方，希望读者提出宝贵的意见。

陈来　2008 年 3 月 30 日

"博雅英华·陈来著作集"后记

我的学术著作,以往三联书店曾帮我汇集为"陈来学术论著集"十二卷出版,我心存感谢,自不待言。目前三联版此集的版权即将到期,北京大学出版社有意以博雅英华的系列出版我的著作集的精装版,这使我既感意外,又十分高兴。

我曾在北京大学服务三十年,其间2004年开始,学校让我关心、过问出版社的工作,因此与北大出版社结下了难得的缘分。2009年我转到清华大学后,与北大出版社仍继续合作,出版了《孔夫子与现代世界》《北京·国学·大学》《从思想世界到历史世界》等书;前两年《有无之境》和《诠释与重建》还在北大出版社出版了"博雅英华"系列的精装本,受到读者的欢迎。这次精装版著作集的出版,对我而言,体现了北大出版社对一位老朋友的情谊,这使我深感温暖。

这次北大出版社准备把《有无之境》和《诠释与重建》之

"博雅英华·陈来著作集"后记

外我的其他著作也都作为博雅英华系列出版。在北大出版社出版的著作集,与三联版相比,有一些变化:《古代宗教与伦理:儒家思想的根源》此次出版的是增订本,增多一章;《古代思想文化的世界:春秋时代的宗教、伦理与社会思想》附加了余敦康先生的评介。《朱子学的世界》是以《中国近世思想史研究》的朱子学部分为基础,增入了近年来写的朱子论文,合为一集;《现代儒家哲学研究》是《现代中国哲学的追寻》增订新编本;《近世东亚儒学研究》则是《东亚儒学九论》的增订本。其他各书如《竹帛〈五行〉与简帛研究》《朱子哲学研究》《有无之境:王阳明哲学的精神》《诠释与重建:王船山的哲学精神》《宋明理学》《宋元明哲学史教程》《传统与现代:人文主义的视界》则一仍其旧,不做改变。

衷心感谢张凤珠等出版社领导,感谢田炜等编辑朋友,使我有这个荣幸,把北京大学出版社出版的自己的著作集,献给读者。

陈来
2016 年 5 月 26 日